T0108321

Helmut Hanisch/Anton Bucher

Da waren die Netze randvoll

Was Kinder von der Bibel wissen

Mit zahlreichen Graphiken und Tabellen

Vandenhoeck & Ruprecht
in Göttingen

Die Deutsche Bibliothek – CIP-Einheitsaufnahme

Hanisch, Helmut:
Da waren die Netze randvoll : was Kinder von der Bibel wissen ;
mit zahlreichen Tabellen / Helmut Hanisch/Anton Bucher. –
Göttingen ; Zürich : Vandenhoeck und Ruprecht, 2002
ISBN 3-525-61399-7

Satz: Satzspiegel, Nörten-Hardenberg
Druck- und Bindearbeiten: Hubert & Co., Göttingen

Inhalt

Einleitung und Problemstellung

Seit gut drei Jahrtausenden werden Kindern biblische Geschichten erzählt. Dafür lassen sich vielfältige Gründe vorbringen: Kinder werden auf diese Weise in die Erzählgemeinschaft des jüdischen und christlichen Glaubens hineingenommen. In der jüdischen Seder-Feier fragen Kinder nach den Symbolen und Riten des Glaubens, worauf ihnen die Erwachsenen als Antwort biblische Geschichten erzählen. *Augustinus* (1985) wünschte in „De catechizandis rudibus", dass die Katechumenen mit der biblischen Heilsgeschichte vertraut werden: dafür muss sie erzählt werden, immer wieder.

Wenn Kinder biblische Geschichten hören, erfahren sie vom barmherzigen Handeln Gottes an den Menschen. In leidvollen Situationen können diese Geschichten Kinder trösten, stärken und ihnen helfen, sich im Leben und Handeln zu orientieren. Nicht zuletzt enthalten biblische Geschichten das Angebot, auf Gott zu vertrauen und sich bei ihm geborgen zu fühlen.

Erzählen ist für *Aebli* (³1987) die erste Grundform des Lehrens, weil es vergangene Erfahrungen zu vergegenwärtigen vermag. Insofern für uns die biblischen Erfahrungen der Erwählung, des Exodus, des heilenden Handeln Jesu etc. nicht mehr unmittelbar zugänglich sind, müssen diese erzählt werden. *Narratio* ist somit Grundlage und Lebensprinzip von Theologie und letztlich durch nichts ersetzbar (*Weinrich* 1973).

Unschwer ließen sich weitere Gründe für den Wert des Erzählens biblischer Geschichten im Kindesalter vortragen. Ihre Weitergabe an Kinder erscheint im Rahmen der religiösen Unterweisung als unumstritten. Aber was aus der Perspektive des Erwachsenen selbstverständlich erscheint, muss dies keineswegs auch für Kinder sein. Obwohl das Erzählen biblischer Geschichten ein zentrales Anliegen der religiösen Unterweisung ist, liegen keine nennenswerten empirischen Untersuchungen zu diesem Thema vor, sofern man von den Studien von *Bröking-Bortfeldt* (1989) und *Berg* (1993) absieht. Zwar wird im Rahmen der Religionspädagogik über das Erzählen nachgedacht, und es werden methodische Empfehlungen ausgesprochen (*Steinwede* 1974, *Neidhart & Eggenberger* 1975, *Urbach* 1982; *Sanders & Wegenast* 1983, *Langer* 1987, *Neidhart* 1989, *Adam* 1993). Aber was biblisches Erzählen bei Kindern *bewirkt*, ist bislang weitgehend unerforscht.

Um diese Forschungslücke zu schließen, ist zu fragen, wie Kinder biblische Geschichten aufnehmen und was sie für sie bedeuten. Dies zieht weitere Fragen nach sich: Woher kennen Kinder biblische Geschichten? Von den Eltern? Aus dem Religionsunterricht oder Kindergottesdienst? Welches Interesse verbinden sie mit ihnen? An welche Inhalte erinnern sie sich? Welches sind ihre Lieblingsgeschichten? Was erscheint ihnen an diesen wichtig? Was bewirken sie, wenn überhaupt? Und schließlich: Wie beurteilen sie die Bibel als Buch?

Um darauf Antworten zu erhalten, haben wir eine groß angelegte Fragebogenuntersuchung mit Schülerinnen und Schülern des vierten Schuljahres durchgeführt. Aufgrund der Ergebnisse hoffen wir, ein klareres Bild davon zu erhalten, welche Bedeutung der Weitergabe biblischer Geschichten aus der Sicht der Kinder am Ende der Grundschulzeit zukommt. Vor diesem Hintergrund wird es möglich sein, religionspädagogische Konsequenzen für die Beschäftigung mit biblischen Geschichten in der Familie, im Religionsunterricht und im Kindergottesdienst zu ziehen. Zugleich soll unsere Untersuchung zu weiteren Forschungsvorhaben ermutigen, die dazu beitragen mögen, Kindern die Bedeutsamkeit biblischer Geschichten für ihren Glauben und ihr persönliches Leben zu erschließen.

Vielen haben wir zu danken, die an der Durchführung unserer Untersuchung beteiligt waren. Zu nennen sind die kirchlichen Schulräte und Schuldekane sowie Religionslehrerinnen und Religionslehrer der Kirchenbezirke Aalen, Heidenheim, Reutlingen und Schwäbisch Gmünd, die uns bei der Datenerhebung unterstützt haben. Weiterhin halfen uns tatkräftig Mitarbeiterinnen und Mitarbeiter der Religionspädagogischen Institute an den Universitäten Salzburg und Leipzig. Sie erfassten die Ergebnisse und bereiteten ihre Auswertung vor. Dr. Spieckermann ermöglichte es uns, die Untersuchung in Berlin durchzuführen und organisierte die Beschaffung der Daten. Nicht zuletzt haben wir den vielen Schülerinnen und Schülern zu danken, die sich der Mühe unterzogen haben, unseren Fragebogen auszufüllen.

Nicht übersehen werden darf, dass eine solche Untersuchung ohne finanzielle Hilfe Dritter nicht durchgeführt werden kann. Freundliche finanzielle Unterstützung erhielten wir von der Deutschen Bibelgesellschaft in Stuttgart, dem Erzbischöflichen Ordinariat in Rottenburg und dem Evangelischen Oberkirchenrat der Württembergischen Landeskirche.

Anlage und Durchführung
der Untersuchung

1. Vorannahmen und Fragestellung

Empirische Untersuchungen, speziell quantitative, können nicht die Wirklichkeit im Ganzen erfassen, sondern bestenfalls Ausschnitte daraus. Was empirisch erhoben wird, hängt von den Annahmen und Interessen und schließlich von den Fragestellungen der Forschenden ab. Infolgedessen sind unsere Vorannahmen, die zugleich unsere Forschungsinteressen widerspiegeln, schon zu Beginn offen zu legen.

♦ Weit verbreitet ist die Annahme, dass durch den oft beklagten Traditionsabbruch Kinder heutzutage kaum noch biblische Geschichten kennen. Entgegen dieser Behauptung gehen wir davon aus, dass alle der von uns befragten Kinder nicht zuletzt durch den Religionsunterricht über biblisches Wissen verfügen oder zumindest einige biblische Geschichten nennen können. Zugleich vermuten wir, dass bestimmte Geschichten, die den Kindern besonders wichtig erscheinen oder sie beeindruckt haben, häufiger genannt werden als andere.

♦ Aufgrund der Tatsache, dass die Kinder verschiedene biblische Geschichten kennen, können sie sie miteinander vergleichen und zu ihnen wertend Stellung nehmen. Daraus lässt sich schlussfolgern, dass ihnen manche Geschichten besser gefallen als andere. Anzunehmen ist daher, dass viele Kinder eine Lieblingsgeschichte haben, die sie schriftlich nacherzählen können. Zugleich sind sie in der Lage, Gründe zu nennen, warum ihnen diese Geschichten gefallen. Aufgrund der genannten Gründe lässt sich herausfinden, was Kinder an ihren Lieblingsgeschichten bedeutsam erscheint und was sie bei ihnen bewirken.

♦ Das inhaltliche Wissen der Kinder im Hinblick auf biblische Geschichten ist unterschiedlich. Wir gehen davon aus, dass sie sich inhaltlich häufiger an alttestamentliche als an neutestamentliche Geschichten erinnern, weil erstere, sofern in der Grundschule behandelt oder anderswo erzählt, Themen enthalten, mit denen sich Kinder aufgrund entwicklungspsychologischer Voraussetzungen leichter identifizieren können als dies bei neutestamentlichen Geschichten der Fall ist. Wir vermuten dies etwa im Hinblick auf Geschichten wie David und Goliath, Joseph und seine Brüder oder auch die Mosegeschichten.

♦ Wir gehen davon aus, dass die Kinder biblische Geschichten in erster Linie vom Religionsunterricht her kennen. Weiterhin vermuten wir, dass nur wenige Eltern und Großeltern den Kindern heutzutage biblische Geschichten erzählen. Daneben lassen wir uns von der Annahme leiten, dass die Weitergabe biblischer Geschichten in der Familie eher bei jüngeren Kindern erfolgt als auf der Altersstufe, auf der sich die Befragten befinden. Auch nehmen wir an, dass weder der Besitz einer Kinderbibel noch entsprechende Tonträger (Kassetten, Videos) zu einer nachhaltigen Beschäftigung mit biblischen Geschichten führen.

♦ Kinder, die angeben, an Gott zu glauben, regelmäßig zu beten und den Kindergottesdienst zu besuchen, verfügen unserer Auffassung nach über umfangreichere Kenntnisse biblischer Geschichten und bekommen sie eher von ihren Eltern oder Großeltern erzählt als Kinder, die nicht an Gott glauben, nicht beten und nicht den Kindergottesdienst besuchen. Auch ist zu vermuten, dass die erst genannten Kinder ein positiveres Verhältnis zur Bibel haben, als dies bei denen der Fall ist, für die der Glaube an Gott eine untergeordnete Rolle spielt.

♦ Wir vermuten, dass die von uns befragten Kinder in der überwiegenden Mehrheit gern biblische Geschichten hören und auch in Zukunft weiterhin im Religionsunterricht biblische Geschichten hören wollen. Zugleich nehmen wir an, dass sie in der Lage sind zu beschreiben, wie diese Geschichten aus ihrer Sicht sein sollten.

2. Fragebogen

Aufgrund dieser Überlegungen konstruierten wir einen Fragebogen (vgl. Anlage 1), der aus acht Teilen mit insgesamt 36 Items bestand.

♦ Die Befragung wurde damit eröffnet, dass die Kinder gebeten wurden, spontan jene biblischen Geschichten zu nennen, die ihnen gerade einfielen.

♦ Sodann baten wir die Befragten, ihre Lieblingsgeschichte zu nennen, diese schriftlich nachzuerzählen und anzugeben, woher bzw. von wem sie diese kennen. Auch interessierte uns, warum diese Geschichte wichtig und beliebt sei, ob sie etwas mit dem Leben der Kinder zu tun habe (Korrelation?) und wem und aus welchen Gründen sie diese weitererzählen würden, wenn überhaupt.

♦ Biblisches Wissen wurde mit *Multiple Choice Items* abgefragt, wobei sich je drei auf das Alte Testament und auf das Neue Testament bezogen.

♦ Kinder erfinden biblische Inhalte nicht aus sich heraus, sondern eignen sie sich im Prozess der religiösen Sozialisation an. Infolgedessen interessierte uns, ob Kindern in der Familie biblische Geschichten erzählt werden, und, wenn ja, von wem. Besitzen sie eine Kinderbibel? Hören sie sich Kassetten mit biblischen Geschichten an?

♦ Der nächste Abschnitt beinhaltete Items, die sich auf die persönliche Glaubensüberzeugungen und die religiöse Praxis der Kinder beziehen.

♦ Ferner wollten wir wissen, ob die Befragten – zumindest jetzt – auch künftig an biblischen Geschichten interessiert sind und welche Gründe sie dafür angeben.

♦ Das Bibelkonzept der Kinder wurde mit einem semantischen Differenzial erhoben; eingesetzt wurden polare Adjektive wie „wahr – erfunden", „modern – alt" etc.

♦ Zum Schluss wurden soziodemographische Variablen abgefragt.

Der Fragebogen enthielt verschiedene Fragetypen, offene und geschlossene. Letztere sind statistisch leicht auszuwerten, erstere hingegen waren aufwändiger und schwieriger deutend zu erfassen. Die frei formulierten Antworten der Kinder wurden zunächst vollständig transkribiert, sodann wurde eine überschaubare Anzahl von Kategorien gebildet, denen die konkreten Antworten durch jeweils zwei Personen unabhängig voneinander zugeordnet wurden. Die Quote der Übereinstimmung lag bei den einzelnen offenen Fragen bei 85 Prozent und darüber, so dass davon ausgegangen werden kann, dass die gewählten Kategorien hinreichende Trennschärfe aufweisen.

3. Beschreibung der Stichprobe

Zu unserer Stichprobe gehören 2402 Kinder, davon 49 Prozent Jungen und 51 Prozent Mädchen; das ausgewogene Verhältnis ermöglicht die Überprüfung geschlechtstypischer Differenzen. Der Altersdurchschnitt der Kinder beträgt 10.1 Jahre, die Standardabweichung 0.5 Jahre. Das bedeutet, dass die meisten (75 Prozent) unserer Probandinnen und Probanden zum Zeitpunkt der Untersuchung 10 Jahre alt waren. 168 Kinder waren im neunten und 185 im elften Lebensjahr. Aufgrund der geringen Altersstreuung lassen sich keine eindeutigen altersmäßigen Trends ermitteln, die aber auch nicht im Mittelpunkt unseres Interesses standen. Vielmehr ging es uns darum herauszufinden, über welches biblische Wissen Kinder am Ende der Grundschulzeit verfügen, wie sie sich biblische Geschichten aneignen und wo und über wen sie diesem narrativen Schatz begegnen.

An der Befragung nahmen 1703 Kinder aus Baden-Württemberg teil. Sie kamen aus den Kirchenbezirken Aalen, Heidenheim, Reutlingen und Schwäbisch Gmünd. Für die genannten Kirchenbezirke gilt, dass sie volkskirchlich und mit Ausnahme von Reutlingen kleinstädtisch bzw. ländlich geprägt sind. Vor diesem Hintergrund sind von den befragten Kindern annähernd homogene Ergebnisse zu erwarten.

Neben den Probandinnen und Probanden aus Baden-Württemberg befragten wir auch 699 Kinder aus verschiedenen Stadtteilen Berlins. Wir haben hier im Unterschied zu den Befragungsstandorten in Süddeutschland von einem großstädtischen Kontext auszugehen. Aus sozialisationstheoretischen Gründen vermuten wir, dass sich die Ergebnisse dieser Teilstichprobe von denen der baden-württembergischen Kinder unterscheiden werden. In welchem Maße die Tatsache auf die Ergebnisse Einfluss nimmt, dass in Berlin der Religionsunterricht sich als ein auf Freiwilligkeit beruhendes Lernangebot innerhalb der öffentlichen Schulen präsentiert, während er in Baden-Württemberg als Pflichtfach zu besuchen ist, darüber werden wir aufgrund der erhobenen Daten keine Auskunft geben können. Nicht zuletzt ist dies darauf zurückzuführen, dass unsere Untersuchung nicht auf eine Überprüfung des Lerneffekts von Religionsunterricht als freiwilliges Angebot gegenüber Religionsunterricht als Pflichtfach angelegt war.

Zahlenmäßig verteilen sich die Probandinnen und Probanden auf die einzelnen Regionen wie folgt:

	Anzahl	Prozent
Aalen	132	5.5
Heidenheim	784	32.6
Reutlingen	398	16.6
Schwäbisch Gmünd	389	16.2
Berlin	699	29.1
Gesamt	2402	100.0

Während alle Kinder, die in Berlin an unserer Untersuchung teilgenommen haben, evangelisch sind, befragten wir in Baden-Württemberg sowohl evangelische als auch katholische Kinder. Lohnend wird es daher sein, danach zu fragen, ob sich die Ergebnisse der evangelischen Kinder von denen der katholischen unterscheiden. Über die zahlenmäßige Verteilung gibt die folgende Tabelle Auskunft.

	Anzahl	Prozent
katholisch	518	21.5
evangelisch	1884	78.5
gesamt	2402	100.0

4. Durchführung der Untersuchung

Nach einer Voruntersuchung in zwei vierten Schuljahren an einer Grundschule im Kreis Göppingen, durch die wir den Fragebogen testen wollten, fanden im Mai 1999 in Baden-Württemberg in den oben genannten Kirchenbezirken Zusammenkünfte mit den kirchlichen Schulräten bzw. Schuldekanen sowie Religionslehrerinnen und Religionslehrern statt. Dabei wurde das Anliegen der Untersuchung erläutert und der Fragebogen durchgesprochen. Zugleich wurde das organisatorische Vorgehen geklärt. Im Hinblick auf das Ausfüllen der Fragebögen vereinbarten wir, dass die Unterrichtenden die Fragen schrittweise vorlesen und den Kindern nach jeder Frage Zeit für die Beantwortung lassen sollten. Dadurch sollte erreicht werden, dass alle Kinder innerhalb einer Schulstunde mit dem Ausfüllen des Fragebogens fertig werden. Die anwesenden Religionslehrkräfte versprachen, die Fragebögen in ihren Religionsklassen bis zum Schuljahresende bearbeiten zu lassen und anschließend an die jeweiligen Schuldekane bzw. kirchlichen Schulräte zurückzugeben. In ähnlicher Weise wurde in Berlin verfahren. Hier fanden jedoch keine Vorbesprechungen mit den dortigen Religionslehrkräften statt, sondern sie erhielten neben einer Information durch die Beauftragten für den Religionsunterricht in den betreffenden Bezirken eine schriftliche Instruktion darüber, wie bei der Datenerhebung vorzugehen sei. Anfang Juli standen uns die ausgefüllten Fragebögen von 2402 Kindern zur Auswertung zur Verfügung.

Unproblematisch erschien es uns, dass die Religionslehrerinnen und Religionslehrer an ihren eigenen Klassen die Befragung durchführten. Denn bei der Erhebung der Daten ging es nicht darum, die Qualität des Religionsunterrichts zu überprüfen, so dass eine mögliche Manipulation der Ergebnisse auszuschließen war. Nur bei den Fragen 9.1 bis 9.6 (Standardisierter Bibeltest, vgl. Abschnitt 2.2) könnte ein Eingreifen von Lehrpersonen nahe liegen. Wir ließen uns jedoch von der Annahme leiten, dass es für die Unterrichtenden selbst von Interesse ist zu erfahren, über welches Wissen die Kinder letztlich verfügen. Dieses Interesse schließt Hilfen bei der Beantwortung dieser Fragen aus. Wie sich bei der Auswertung der Ergebnisse der Fragen 9.1 bis 9.6 zeigen wird, ist auch tatsächlich davon auszugehen, dass die Kinder hier keine fremden Hilfen erfahren haben.

Schwierigkeiten bei dem Ausfüllen des Fragebogens wurden uns von einer Klasse in Aalen zurückgemeldet. Hier bestand das Problem darin, dass einzelne Kinder, die erst vor kurzem aus Russland nach Deutschland umgesiedelt waren, Probleme mit der deutschen Sprache hatten und daher einige Fragen nicht verstanden bzw. ihre Lieblingsgeschichte nicht nacherzählen konnten. Kritische Rückmeldungen erhielten wir von drei Religionslehrerinnen aus Berlin, die manche Fragen für die Kinder ihrer Lerngruppen als für zu schwierig ansahen. Dazu zählten sie vor allem die schriftliche Wiedergabe der Lieblingsgeschichte und die Fragen 5 (Was ist an der Lieblingsgeschichte besonders wichtig?) und 6 (Hat diese Geschichte etwas mit deinem Leben zu tun?).

5. Zur Gliederung der Präsentation der Ergebnisse

Bei der Darstellung und Beschreibung der Ergebnisse lassen wir uns – abweichend von der Reihenfolge der Items im Fragebogen – von folgender Systematik leiten:

Im Kapitel 2 gehen wir auf die Bibelkenntnisse der Kinder ein. Dazu gehören die von ihnen in Frage 1 spontan genannten biblischen Geschichten und das testmäßig erfragte biblische Wissen.

Kapitel 3 skizziert, wie sich die Kinder biblische Geschichten aneignen. Grundlage dafür sind die Fragen: Welche Lieblingsgeschichten haben sie? Was ist ihnen an diesen Geschichten wichtig? Haben diese Geschichten etwas mit ihrem Leben zu tun? Wem würden sie sie gern erzählen und aus welchem Grund? (Fragebogen-Items 2 und 5 bis 8, vgl. Anhang).

Anschließend – in Kapitel 4 – wird uns beschäftigen, wo und durch wen biblische Geschichten Kindern begegnen (Items 3 und 4 sowie 10 bis 18).

In Kapitel 5 präsentieren wir im Rückgriff auf die Frage 25 die Bibelkonzepte der Befragten und gehen darauf ein, welches zukünftige Interesse die Kinder an biblischen Geschichten signalisieren.

Schließlich wird in Kapitel 6 exemplarisch zu diskutieren sein, welchen Einfluss die Religiosität der Kinder auf ihre Bibelkenntnisse und ihren Umgang mit biblischen Geschichten hat.

In Kapitel 7 vergleichen wir die Ergebnisse mit weiteren Untersuchungen und ziehen abschließend – Kapitel 8 – bibeldidaktische Konsequenzen.

Bibelkenntnisse der Kinder

1. Welche biblischen Geschichten werden spontan genannt?

Die erste Frage war offen gehalten und lautete: „In der Bibel stehen viele Geschichten. Einige davon kennst du sicher schon. Zähle bitte auf, welche Geschichten du kennst."

Zugegebenermaßen wurden mit diesem Item nicht die potenziellen Bibelkenntnisse der Kinder erfragt. Denn es ist durchaus möglich, dass Kinder die Geschichte von Jona kennen, während der Befragung jedoch nicht daran denken und kein entsprechendes Stichwort hinschreiben. Faktisch wurde erfragt, welche biblischen Geschichten ihnen spontan einfallen und sich besonders ins Gedächtnis einprägten.

In Anbetracht der vielen konkret genannten Geschichten gestaltete sich die Auswertung als schwierig und zeitintensiv. Konkrete Antworten lauteten etwa:
◉ Die Arche Noah, das Neue Testament, die Geburt von Jesus, das Kreuz, Simson, Josef und seine Brüder
◉ Die Arche Noah, Jesus-Geburt, Moses, Martin Luther
◉ David und Goliath, Moses und die 10 Gebote, Jesus-Geburt, die Ostergeschichte, der arme Samariter

Um Quantifizierungen vornehmen zu können, was bei N = 2402 nahe liegend ist, bildeten wir Kategorien wie:
– Kain und Abel
– Arche Noah
– Barmherziger Samariter

Die Gesamtzahl der Kategorien beträgt 53. Davon beziehen sich
– 27 auf das Alte Testament
– 16 auf das Neue Testament
– 10 auf außerbiblische Geschichten wie beispielsweise „Franz von Assisi" oder „Martin Luther".

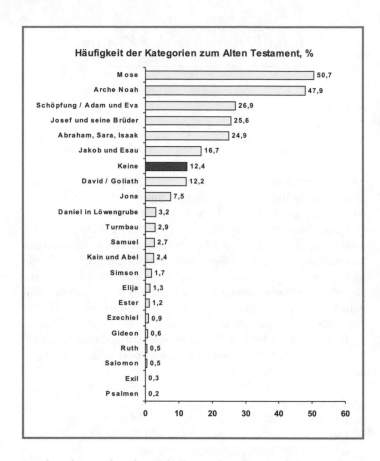

Häufigkeit der Kategorien zum Alten Testament, %

Mose	50,7
Arche Noah	47,9
Schöpfung / Adam und Eva	26,9
Josef und seine Brüder	25,6
Abraham, Sara, Isaak	24,9
Jakob und Esau	16,7
Keine	12,4
David / Goliath	12,2
Jona	7,5
Daniel in Löwengrube	3,2
Turmbau	2,9
Samuel	2,7
Kain und Abel	2,4
Simson	1,7
Elija	1,3
Ester	1,2
Ezechiel	0,9
Gideon	0,6
Ruth	0,5
Salomon	0,5
Exil	0,3
Psalmen	0,2

Im der oben stehenden Tabelle werden die Häufigkeiten dieser Kategorien präsentiert. Anschließend ist zu fragen, ob die Kinder mehr Geschichten aus dem Alten oder dem Neuen Testament angaben, und ob es diesbezüglich geschlechts-, regionen- und konfessionsspezifische Unterschiede gibt.

☺ Die mit Abstand am häufigsten genannte biblische Gestalt ist *Mose*. Dies ist vermutlich darauf zurückzuführen, dass die Mosesgeschichten die Kinder nachhaltig beeindrucken. Denn sie sind im evangelischen sowie katholischen Religionsunterricht im dritten Schuljahr im Lehrplan ausgewiesen. Von entscheidendem Einfluss mag auch der erfolgreiche Kinofilm

„Prinz von Ägypten" sein, der gelegentlich als biblische Lieblingsgeschichte genannt wurde. Die breite Kategorie „Mose", von 51 Prozent der Befragten spontan genannt, lässt sich aufgrund näherer Angaben von zwei Dritteln der Kinder, die sie erwähnten, in sechs Subkategorien ausdifferenzieren:

Subkategorie	Häufigkeit, bezogen auf Gesamtstichprobe
1. Mose und die Zehn Gebote	12.9 %
2. Auszug aus Ägypten	8.8 %
3. Brennender Dornbusch	4.3 %
4. Durchzug durch das Rote Meer	2.9 %
5. Die Plagen der Ägypter	2.7 %
6. Kindheitsgeschichte des Mose	2.3 %

Die Kinder bezogen sich auf unterschiedliche Aspekte der Exodus- und der Sinaitradition, am häufigsten auf die Gesetzestafeln mit den Zehn Geboten und den Auszug aus Ägypten.

♦ Ebenfalls den meisten Kindern bekannt ist das Motiv der *Arche Noah*, das von ihnen auch häufig als Lieblingsgeschichte nacherzählt wurde (vgl. S. 40). Dies hängt bei den katholischen Kindern vermutlich auch damit zusammen, dass die Sintflutgeschichte im Lehrplan des vierten Schuljahres vorgesehen ist. Für die evangelischen Schüler greift jedoch diese Erklärung nicht: Sie behandeln die Geschichte der Arche Noah im Zusammenhang mit dem Erntedankfest im zweiten Schuljahr.

Ein möglicher weiterer Grund für die Beliebtheit dieses Stoffs sind die Tiere; im Erleben von Kindern spielen Tiere eine wichtige und beglückende Rolle (Bucher 2001, 147 f.), so dass eine Tier-Rettungs-Geschichte mit einem hohen Identifikationsgrad rechnen kann.

Bezeichnend dafür ist folgende Nacherzählung der biblischen Lieblingsgeschichte (S. 37 ff.) eines zehnjährigen Berliner Jungen:

Noa war einer von wenigen lieben vor ca. 1000 Jahren. Da Sprach Gott: „rette die Tiere, Noa und baue ein Schiff für die Tiere." Noa baut ein Schiff die Arche und als das Schiff fertig war kammen die Tiere und Noas Familie und es begann zu regnen und es kamm eine Sintflut und alles stand unter Wasser. Die Arche segelte 14 Jahre und nach 14 Jahren auf dem Wasser und da schikte Noa eine Taube los sie kamm ein paar Tage und bringte ein Ölzweig mit. Noa schikte wieder eine Taube los und sie kamm nie zurück das heißt es gibt Land und sie stoßten gegen ein Berg und das Wasser war weg. Sie hatten alle Tiere freigelassen und sie lebten glücklich und die Tiere waren nicht tot.

Dass auch andere Menschen außer Noah auf die Arche kommen, wird nur beiläufig erwähnt; im Zentrum stehen die Tiere bzw. ihr Überleben, wofür die Arche primär gebaut wird.

Der zitierte Text zeigt auch bereits ein wichtiges Merkmal kindlichen Denkens und Formulierens, den parataktischen Stil („und … und"), wie ihn *Piaget* (1983, 142 f.) bereits 1923 beschrieben hat. Kinder „denken und sprechen in Satzreihen, also in gleich geordneten Hauptsätzen, verbunden durch die leistungsstarke Konjunktion ‚und' ", was für das Erzählen ohnehin angemessener ist als die Hypotaxe (*Steinwede* [9]1981, 155).

Eine andere Nacherzählung von Gen 6 f. endet so:

Jedes Männchen und jedes Weibchen einer Tiersorte konnte mit seiner Tierart wieder Babys machen und die Tiere sind nicht ausgestorben, Gott sei Dank.

♦ Verwunderlich ist, dass im Vergleich zu Mose und der Arche Noah die *Schöpfungsgeschichte* mit 27 Prozent weit seltener genannt wurde, obschon ihr Thema in der Grundschulzeit mehrfach aufgegriffen wird. Möglicherweise sind die in diesem Zusammenhang behandelten Texte weniger stark emotional geladen als das Motiv der Arche Noah. Daher treten sie im Gedächtnis der Kinder in den Hintergrund.

♦ Bemerkenswert ist, wie viele Kinder spontan die *Vätergeschichten* nennen. Denn diese, speziell Abraham und Josef, werden aufgrund der Lehrpläne in Baden-Württemberg bereits im ersten und zweiten Schuljahr behandelt. Sie enthalten aber offenbar Motive, die für viele Kinder wichtig sind und sie sich deshalb einprägen, beispielsweise die Geschwisterrivalität und die mögliche Ungleichbehandlung durch Väter und Mütter bzw. Erzieherinnen und Erzieher:

Die Brüder waren neidisch auf Josef, weil er den schönsten Mantel bekommen hat von seinem Vater Jakob. Deshalb haben sie ihn in einen Brunnen geworfen. Und haben gewartet bis eine Karawane kam um ihn zu verkaufen. Dem Vater erzählten sie, dass ein Wüstenlöwe kam und ihn aufgefressen hat.

♦ Fragt man in Vorlesungen im Rahmen der Religionslehrerinnenausbildung, welche (alttestamentliche) Geschichte Kindern am bekanntesten sei, wird oft geantwortet: *David und Goliath*. Sie gehört zu den mittelmäßig häufig genannten Geschichten, wurde aber mitunter sehr originell nacherzählt:

Die Philister kämpften gegen die Juden. Eines Tages schickten sie ihren Riesen Goliat zum Kampf. Als dann der Kampf begann trat der Riese vor und sagte: „Wer von euch wagt es gegen mich zu kämpfen". So verloren die Juden ihre Schlachten. Bis der junge David seinen Brüdern an der Front etwas zu essen bringen sollte. Dort angekommen sagte er mutig, ich werde gegen ihn kämpfen. Der König willigt ein. Als Golliat sah wer gegen ihn kämpfen wollte ving er an hönisch zu lachen. Doch David nahm seine Schleuder und schoss auf den Riesen. Der das Gleichgewicht verlor und umviel dann nam David das schwert vom riesen und ehe der Riese ahnte wie ihm geschah war er Kopflos.

☹ Die weiteren Erzählungen treten statistisch gesehen kaum hervor. Das mag damit zusammenhängen, dass sie aufgrund der Lehrpläne in den untersuchten Regionen nicht zum Erzählstoff in der Grundschule gehören; dies gilt insbesondere für die prophetische Dimension des Alten Testaments, die kaum angesprochen wird. Biblische Geschichten von *Simson, Ester, Ezechiel, Gideon* müssten für diese Altersgruppe im Kindergottesdienst bzw. im Elternhaus weitergegeben werden, wenn überhaupt.

Ihre geringe statistische Häufigkeit legt zwei Vermutungen nahe: Es könnte sein,

- dass im Rahmen der außerschulischen religiösen Unterweisung die gleichen Geschichten erzählt werden, die auch im Religionsunterricht vorkommen.

Es könnte aber auch sein,

- dass außerhalb des Religionsunterrichts die Kinder kaum oder nur sehr eingeschränkt biblische Geschichten hören.

Welche dieser beiden Vermutungen stimmt, wird später bei der Darstellung der Ergebnisse der Fragen 3 und 4 (S. 61–69) zu erörtern sein.

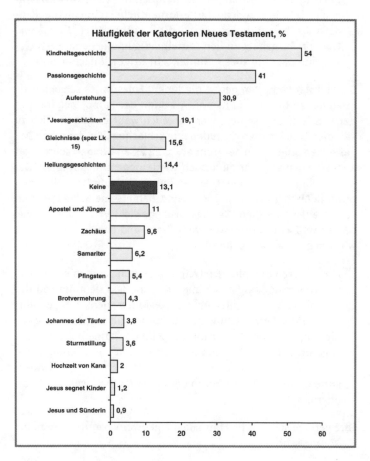

Häufigkeit der Kategorien Neues Testament, %

Kategorie	%
Kindheitsgeschichte	54
Passionsgeschichte	41
Auferstehung	30,9
"Jesusgeschichten"	19,1
Gleichnisse (spez Lk 15)	15,6
Heilungsgeschichten	14,4
Keine	13,1
Apostel und Jünger	11
Zachäus	9,6
Samariter	6,2
Pfingsten	5,4
Brotvermehrung	4,3
Johannes der Täufer	3,8
Sturmstillung	3,6
Hochzeit von Kana	2
Jesus segnet Kinder	1,2
Jesus und Sünderin	0,9

☺ Aus dem Neuen Testament wurde am häufigsten die *Geburtsgeschichte* genannt und teilweise sehr originell nacherzählt.

Joseph war in seiner Werkstatt und machte für Daniel eine Kiste. Maria war im Haus und machte Essen. Das Essen war fertig und Maria rief: „Joseph komm, das Essen ist fertig!" Joseph lies seine Werkzeuge liegen und setzte sich zu Maria. Und die zwei beteten. Als sie fertig waren sagte Maria: „Oh Joseph heute morgen ist ein Engel gekommen und hat gesagt ich werde den Sohn Gottes gebären." Joseph sprang auf und schrie: „Maria das ist ja wundervoll." In diesem Moment kamen ein paar Römer und verkündeten, das jeder in die Stadt gehen soll in der er geboren ist um sich zählen zulassen. Maria und Joseph mussten nach Betlehem. Sie waren viele Tage unterwegs. Als sie in Betlehem ankamen waren wollten sie in verschiedene Herbergen, doch es war kein Platz mehr. Sie mussten in einen Stall. Dort bekam Maria das Baby. Ein Engel sagte den Hirten das der Heiland geboren war und der große Stern sagte es den drei Weisen aus dem Morgenland. Diese schenkten Jesus viele Geschenke.

Die Geburtsgeschichte findet sich, wie die bereits erwähnte Sintfluterzählung, auch oft unter den von den Kindern gewählten Lieblingsgeschichten (S. 40).

♦ Ebenfalls häufig nannten die Schülerinnen und Schüler die *Passionsgeschichte*, deutlich häufiger jedenfalls als das *Ostergeschehen*, möglicherweise ein Indiz dafür, dass der Kreuzweg häufiger thematisiert wird als die Auferstehung. Ohnehin ist beides theologisch nicht zu trennen, was auch aus der Nacherzählung eines zehnjährigen Berliner Schülers ersichtlich wird:

Jesus leidete am Kreuz. Dann war er tot. Er wurde Begraben. Und er ist wieder aufgestanden.

Offensichtlich berühren der Kreuzweg und das Sterben Jesu die Kinder emotional stärker als die Auferstehungszeugnisse. (Oder könnte es sein, dass die Erwachsenen die Auferstehung aus eigener Unsicherheit mit weniger innerer Überzeugung – und daher auch weniger eindrücklich – darstellen?)

Jesus war nun im Garten Gezemale und betete aus angst denn er wusste was mit ihm geschehen würde. Als er wieder zurückkam waren seine Jünger eingeschlafen. Er weckte sie und das Schiksal nahm seinen lauf die Jünger sahen wie Jesus abgefürrt und gekreuzigt wurde. Danach verstegten sie sich aus angst selber gekreuzigt zu werden.

Denkbar ist auch, dass das Osterfest und die mit ihm verbundenen volkstümlichen Traditionen (Osterhase, Ostereier usw.) vom biblischen Geschehen ablenken. Im Unterschied dazu ist in der volkstümlichen Tradition des Weihnachtsfestes der biblische Bezug wesentlich offenkundiger präsent, so in den Krippendarstellungen, wie man sie auf jedem Weihnachtsmarkt findet. Auch nehmen viele Kinder selbst bei Krippenspielen teil, die zur Weihnachtszeit in Schulen und Gemeinden aufgeführt werden.

♦ In die Kategorie *Jesusgeschichten* wurden pauschale Aussagen wie *Geschichten von Jesus* oder *Jesusgeschichten* aufgenommen. Die insgesamt 19 Prozent der Befragten können sich möglicherweise nicht an einzelne Geschichten erinnern oder kennen die Namen spezieller Jesusgeschichten nicht.

♦ Innerhalb der Kategorie *Gleichnisse* herrschen die Parabeln vom *Verlorenen Schaf* sowie vom *Verlorenen Sohn* vor; letztere wäre theologisch allerdings zutreffender *Vom gütigen Vater* zu nennen (*Jeremias* 1980, 86).

Ein Hirte hatte 100 Schafe. Eines Tages fiel ihm auf das ein Schaf felte. „Ich muss es suchen", dachte er bei sich. Er ging zu anderen Hirten: „Helft ihr mir mein Schaf suchen?" Doch die meinten auf ein Schaf kommt es nicht an. Da ging der Hirte allein suchen. Er suchte überall, doch er fand es nicht. Am Abend gab er auf und wollte heim, doch da hörte er neben sich ein leises „Bäh". Das war sein schaf! Er sah das es im Dornengebüsch fest hing und zog es hinaus. Dabei zerkratzte er sich Arme und Beine, doch das machte ihm nichts aus, denn der Hirte hatte sein Schaf gefunden. Glücklich trug er sein Schaf nach hause und lud die anderen Hirten zum Fest ein.

♦ In der Rubrik *Heilungsgeschichten* dominiert die Heilung des Bartimäus.

Ein blinder Mann hatte mit bekommen das Jesus in die Stadt kommen sollte in der, er lebte. Er freute sich auf seine Ankunft. Endlich kam Jesus an. Er schrie so laut er konnte um auf sich aufmerksam zu machen. Doch es klappte nicht niemand bemerkte ihn. Er schrie noch lauter und wurde knallrot! Endlich bemerkte es Jesus er bahnte sich einen Weg durch die vielen Menschen dann stand er vor dem blinden Mann. „Bitte Jesus heile mich das ich wieder sehen kann" sprach der Blinde. Jesus antwortete: „Öffne deine Augen sie sind geheilt." Seit dem konnte der Blinde Mann wieder sehen.

Addiert man die von den Kindern aufgezählten Wundergeschichten, dann liegen sie hinsichtlich ihrer Häufigkeit mit mehr als 24 Prozent an vierter Stelle. Dass die Kinder häufiger Wundergeschichten nennen als Gleichnisse, mag darauf zurückzuführen sein, dass sie im Religionsunterricht der Grundschule extensiver behandelt werden. Daneben gilt es zu bedenken, dass Kinder zu den Wundergeschichten aufgrund entwicklungspsychologischer Voraussetzungen eher Zugang haben als zu Gleichnissen, weil letztere „übertragen" werden müssen, erstere hingegen wortwörtlich verstanden und auf ein artifizialistisch geprägtes Gottes- bzw. Jesusbild bezogen werden, wonach Gott und Jesus alles können (*Bee-Schroedter* 1998, 287 f.).

Überraschend ist, wie wenig Kinder Geschichten wie *Der barmherzige Samariter*, *Zachäus* oder das *Kinderevangelium* erwähnen, denen im Religionsunterricht große Aufmerksamkeit geschenkt wird.

Als Jesus nach Jericho kam, tummelten sich alle Leute um ihn. Auch ein Oberzölner wollte zu ihm doch die Leute liesen ihn nicht zu ihm. Sie meinten: „Zolleinnehmer wie dich möchte Jesus gar nicht sehen und erhören." Doch er wollte Jesus unbedinkt sehen. Er kletterte auf einem nahegelegenen Baum. Jesus sah ihn und fragte: „Wer ist das?" „Nur ein gemeiner Zolleinnehmer", antwortete das Volg.

Offenbar sprechen diese Geschichten Kinder nicht übermäßig an und finden gedanklich – ähnlich wie bei den Gleichnissen – weniger Zugang zu ihnen. Wenig überraschend ist, dass aus der *Apostelgeschichte* lediglich *Pfingsten* genannt wurde, und auch dies nur von gut jedem achtzehnten Kind, denn die Lehrpläne sehen größere Erzählzusammenhänge aus der Apostelgeschichte nicht vor.

☹ Welche Geschichten wurden nicht genannt? Wie schon angedeutet, sind die *Reisen des Paulus*, seine *Bekehrung*, das *Martyrium des Stephanus* den Kindern unbekannt. Ebenfalls die *apokalyptischen Passagen* und die *Streitgespräche Jesu* und seine *Predigten*, was insofern verständlich ist, als es sich hierbei stärker um diskursive als um narrative Perikopen handelt, die erst in höheren Klassen im Religionsunterricht vorgesehen sind.

Insgesamt ist zu vermuten, dass die Kinder ihr biblisches Wissen vor allem aus dem Religionsunterricht beziehen. Geschichten, die nicht im Lehrplan ausgewiesen sind, kennen sie in der Regel nicht.

Hier gilt es jedoch auch anzumerken, dass ihnen manche Erzählungen, die sehr wohl im Lehrplan vorkommen, spontan nicht präsent sind. Dazu gehören zum Beispiel die *Berufungsgeschichten*, die im ersten bzw. zweiten Schuljahr vorgesehen sind. Bei diesen stellt sich jedoch die Frage, ob sie in diesem Alter entwicklungspsychologisch angemessen sind, da Berufung, Bekehrung, Lebensentscheidung (Identität) eher Themen des Jugendalters sind (vgl. *Schweitzer* u. a. 1995).

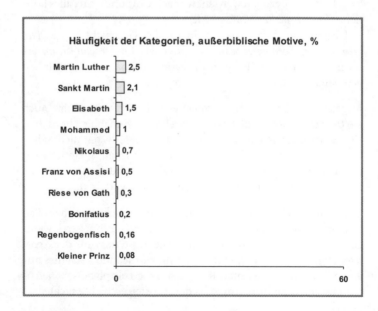

Gut acht Prozent der Kinder ‚bereicherten' die Bibel um zusätzliche Geschichten:

Franz von Assisi, früher ein Leben voller Rausch, dann in Armut für andere. Zog ins Kloster. Hatt sein letztes Hemd gegeben. Franz mag Tiere und die Natur, auch konnte er mit den Tieren sprechen.

Am 10.11.1483 ist Martin Luhter geboren, und am 11.11.1483 am Martins geboren. Martin Luhter heiratete 1525 Katharina von Bora sie bekamen 6 Kinder. 1546 starb er vom alter 63 Jahren.

Mir gefellt die Geschichte vom kleinen Prinzen. Der kleine Prinz ist ein kleiner Junge der ganz viele abenteuer erlebt. Zum Beispiel als er auf einer Schlange stand wo einen Elefanten gefressen hatte, oder als er an einem Schloss vorbei lief er hatte ganz viel erlebt.

Da sich diese zusätzlichen Geschichten mehrheitlich der biblischen Wirkungsgeschichte verdanken (Martin, Franz von Assisi, Luther), ist dies theologisch nicht Besorgnis erregend. Dennoch wäre es wünschenswert, wenn solche Verwechslungen unterblieben.

♦ Durchschnittlich nannten die Kinder 4.84 biblische Geschichten. Die Standardabweichung beträgt 2.8, so dass davon auszugehen ist, dass ca. 68 Prozent der Befragten 4.84 ± 2.8, d. h. zwischen 2.0 und 7.6 Geschichten auflisteten. 3.5 Prozent der Kinder fiel zur Zeit der Befragung keine Geschichten ein. 3.7 Prozent der Befragten hingegen schrieben zehn und mehr Geschichten auf, wobei eine neunjährige Schülerin aus Heidenheim mit 19 Geschichten den Rekord erzielte.

♦ Eingangs formulierten wir die Erwartung, dass die Kinder mehr Geschichten aus dem Alten als aus dem Neuen Testament nennen. Tatsächlich listeten die Befragten signifikant mehr alt- als neutestamentliche Motive auf ($t = 7.9$, $p = .000$).

♦ Die Mädchen führen im Durchschnitt deutlich mehr Geschichten (5.3) an als die Jungen (4.4; $F = 56.8$, $p = .000$). Insbesondere gilt dies für die *Schöpfungsgeschichten* (33 % versus 20 %), die *Arche Noah* (52 % versus 44 %), die *Geburt Jesu* (59 % versus 49 %), und nicht zuletzt für das Buch *Ruth*, das nur ein einziger Junge nannte, aber immerhin 12 Mädchen.

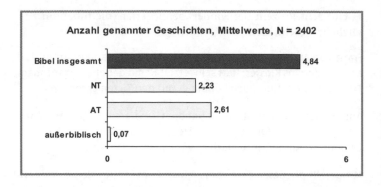

Anzahl genannter Geschichten, Mittelwerte, N = 2402

Bibel insgesamt	4,84
NT	2,23
AT	2,61
außerbiblisch	0,07

0   6

♦ Evangelische Schülerinnen und Schüler nannten durchschnittlich 4.8 Geschichten, katholische geringfügig mehr (4.9), was im Zufallsbereich liegt (F = .32, p = .87). Bei einigen Kategorien gibt es Differenzen: So erwähnen die katholischen Kinder die *Arche Noah* häufiger (64 %) als die evangelischen, ebenfalls das *Schöpfungs- und Paradiesmotiv* (34 % versus 25 %); letztere hingegen nannten den Erzählkomplex *Abraham, Sara und Isaak* häufiger (28 % versus 16 %), ebenfalls *Mose* (54 % versus 46 %) sowie die *Kindheitsgeschichte* (56 % zu 48 %).

♦ Angesichts des oft behaupteten sozioreligiösen Nord-Südgefälles (*Daiber* 1995) überraschten die Ergebnisse des Vergleichs zwischen Berlin und Baden-Württemberg. Die Schülerinnen und Schüler an der Spree nannten deutlich mehr Geschichten (5.4) als die auf der Schwäbischen Alb (4.6) (F = 37.8, p = .00). Da dadurch bloß zwei Prozent der Varianz erklärt werden, ist diese Differenz aber nicht zu hoch zu bewerten.

Eine Detailanalyse zeigte, dass vor allem das *Josefsmotiv* im Norden häufiger genannt wurde (46 % versus 17 % im Süden), sodann der *Barmherzige Samariter* (14 % versus 3 %), wohingegen die am zweithäufigsten erwähnte Geschichte, die *Arche Noah*, im Süden häufiger (51 %) aufgelistet wurde als in Berlin (40 %), desgleichen die *Passion* (44 % versus 33 %).

Auszuschließen ist nicht, dass diese Ergebnisse auch durch den Zeitpunkt der Behandlung biblischer Geschichten im Unterricht beeinflusst sind. Oben wiesen wir bereits darauf hin, dass in Berlin keine genaue zeitliche Zuordnung der biblischen Geschichten aufgrund des Rahmenplanes möglich ist. Zugleich ist daran zu erinnern, dass die *Sintflutgeschichte* im katholischen Religionsunterricht im vierten Schuljahr behandelt wird und daher den katholischen Kindern präsenter ist als den evangelischen.

2. Bibelkenntnisse: Im Test-Verfahren erfragt

Der Fragebogen enthielt einen *Multiple-Choice*-Test mit sechs Items (9.1–9.6), je drei zum Alten und Neuen Testament.

- In der Bibel wird die Geschichte der Arche Noah erzählt. Du findest im folgenden drei Sätze. Ein Satz ist richtig, kreuze ihn bitte an!

1. Geschichte	% richtig
Und als die sieben Tage vergangen waren, kamen die Wasser der Sintflut auf die Erde.	84
So zerstreute sie der Herr von dort in alle Länder, dass sie aufhören mussten, die Stadt zu bauen.	
Und nun höre auf mich, mein Sohn: mach dich auf und fliehe zu meinem Bruder Laban nach Haran.	

- Von Josef und seinen Brüdern werden viele Geschichten erzählt. In einer Geschichte ist Josef im Gefängnis und deutet die Träume von zwei Mitgefangenen. Ein Satz ist richtig, kreuze ihn bitte an!

2. Geschichte	% richtig
Da sprachen sie: Wir wollen das Mädchen rufen und fragen, was es dazu sagt. Sein Vater sprach zu ihm: Was ist das für ein Traum?	
Und es träumte ihnen beiden, dem Schänken und dem Bäcker des Königs von Ägypten.	61
Und ihm träumte, und siehe, eine Leiter stand auf der Erde ...	

- Mose führte das Volk Israel aus Ägypten. In einer Geschichte offenbart sich Gott Mose im brennenden Dornbusch.

3. Geschichte	% richtig
Du sollst keine anderen Götter haben neben mir.	
Da sprach Gott, der Herr, zum Weibe: Warum hast Du das getan?	
Tritt nicht herzu, ziehe deine Schuhe von deinen Füßen. Denn der Ort, auf dem du stehst, ist heiliges Land.	71

- Von Jesus wird die Geschichte der Sturmstillung erzählt. Ein Satz ist richtig.

4. Geschichte	% richtig
Und Jesus kam an das andere Ufer in die Gegend der Gadarener.	
Und als sie das taten, fingen sie eine große Menge Fische, und ihre Netze begannen zu reißen.	
Ihr Kleingläubigen, warum seid ihr so furchtsam.	38

- Von Jesus werden Geschichten erzählt, in denen er Menschen heilt. Einmal heilte er einen Blinden.

5. Geschichte	% richtig
Und Jesus ging fort mit seinen Jüngern in die Dörfer bei Cäsarea Philippi.	
Und er nahm ihn von dem Volk besonders und legte ihm die Finger in die Ohren und berührte ihn mit dem Speichel seiner Zunge.	
Viele bedrohten ihn, er solle stillschweigen. Aber er schrie noch viel mehr.	34

- Jesus selbst hat viele Geschichten erzählt. In einer Geschichte erzählt er von einem Vater und seinen beiden Söhnen.

6. Geschichte	% richtig
Gib mir, Vater, das Teil der Güter, das mir gehört.	42
Vater, vergib ihnen, denn sie wissen nicht, was sie tun.	
Vater, meinen Geist lege ich in deine Hände!	

Die Kinder gaben bei den alttestamentlichen Geschichten weit mehr richtige Antworten als bei denen aus dem Neuen Testament.

Dies kann als ein weiteres Indiz dafür gesehen werden, dass ihnen erstere vertrauter sind als letztere. Zu bedenken ist jedoch, dass dieses Ergebnis auch durch die Auswahlvorgaben beeinflusst sein kann.

Die Häufigkeiten der richtigen Antworten gehen aus folgender Grafik hervor.

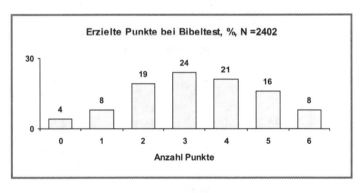

Die Verteilung tendiert leicht nach rechts, ist aber im Großen und Ganzen ausgewogen. Vier Prozent nahmen keine richtige Ankreuzung vor, gut jedes vierte Kind drei, und acht Prozent alle. Trotz der Annäherung an die Normalverteilung ist die Reliabilität des Testes mit $\alpha = .60$ nicht sonderlich hoch. Sie hätte erhöht werden können, wenn mehr Items vorgelegt worden wären; dagegen jedoch sprach, den Fragebogen nicht zu sehr in die Länge zu ziehen.

◆ Die im Norden befragten Schülerinnen und Schüler erzielten einen geringfügig höheren Mittelwert: 3.4 versus 3.2 ($F = 5.9$, $p = .01$). Auch bei der offen erfragten Anzahl bekannter biblischer Geschichten hatten die Berliner Kinder geringfügig mehr *stories* aufgelistet (S. 19 ff.).

◆ Signifikanter sind die geschlechtstypischen Differenzen: Die Bibelkenntnis der Mädchen ist höher (3.5) als die der Jungen (3.2, $F = 15.8$, $p = .000$).

◆ Demgegenüber sind die konfessionellen Unterschiede marginal: Die katholischen Schülerinnen und Schüler verzeichnen einen Mittelwert von 3.4 Punkten, die evangelischen von 3.3 ($F = 5.5$, $p = .02$).

Korreliert dieser Test mit der Anzahl als bekannt angegebener biblischer Geschichten? Dies ist durchaus der Fall; der Korrelationskoeffizient r beträgt .34. Das heißt: Je mehr Punkte in diesem Test erzielt wurden, desto mehr biblische Geschichten wurden im Hinblick auf die offene Frage genannt.

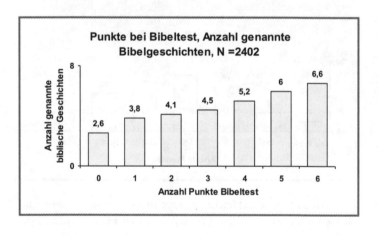

Punkte bei Bibeltest, Anzahl genannte Bibelgeschichten, N =2402

Zusammenfassung

- Die Ergebnisse in Bezug auf das Bibelwissen zeigen, dass mit wenigen Ausnahmen den Kindern am Ende der Grundschulzeit eine ganze Reihe biblischer Geschichten spontan einfallen. Dabei beziehen sie sich keineswegs nur auf solche Geschichten, die unmittelbar vor der Befragung im Religionsunterricht behandelt worden sind.

- Es werden deutlich öfter alttestamentliche als neutestamentliche Geschichten genannt. Dieses Ergebnis wird auch durch das testmäßige Erfassen biblischen Wissens bestätigt. Geschichten mit starker „emotionaler Ladung" (z. B. *Vätergeschichten, Kindheitsgeschichte*) sind den Kindern eher präsent als Texte, die wenig Spannung aufweisen (z. B. Schöpfung).

- Einige Geschichten, die aufgrund des Religionsunterrichts bekannt sein sollten, werden von den Kindern weitgehend ausgeblendet. Dazu gehören u. a. die *Berufungsgeschichten, Zachäus* oder das *Kinderevangelium*.

- Dennoch ist davon auszugehen, dass die Befragten ihr biblisches Wissen vor allem aus dem Religionsunterricht beziehen, weil kaum Geschichten genannt werden, die in diesem nicht vorkommen.

- Einige Kinder haben Probleme, biblische Geschichten von nicht biblischen Geschichten zu unterscheiden, möglicherweise aufgrund eines noch zu wenig differenzierten Geschichtsbewusstseins.

- Die Varianzanalysen zeigen, dass den Mädchen nicht nur spontan mehr Bibelgeschichten einfallen, sondern dass sie auch bei dem Bibeltest signifikant höhere Werte erzielten. Demgegenüber sind die konfessionsbedingten Differenzen marginal, weniger noch die zwischen Norden (mehr Kenntnisse) und Süden.

Die Aneignung biblischer Geschichten

Neben dem Bibelwissen interessierte uns, wie sich die Kinder die biblischen Geschichten aneignen. Unter „Aneignung" verstehen wir nicht nur die formelle Rezeption, sondern auch den emotionalen und existenziellen Bezug zu den Geschichten. Welche sind ihnen lieb? Was finden sie an ihnen wichtig? Was haben sie mit ihrem Leben zu tun? Und wem und aus welchem Grund würden die Kinder sie weiter erzählen?

1. Die Lieblingsgeschichten der Kinder

Das zweite Item des Fragebogens war offen gehalten und enthielt die Aufgabe: „Erzähle uns bitte die Geschichte aus der Bibel, die dir am besten gefällt."

Viele Kinder verfügen über beachtliche erzählerische Kompetenzen. Diese sind bei den folgenden sechs Beispielen umso höher anzusetzen, als die Nacherzählungen schriftlich festgehalten wurden, so dass ihnen auch literarische Kompetenz zuzusprechen ist.

Die Arche Noah

Auf der Erde wurden die Menschen immer schlechter. Und Gott gefiel es nicht mehr. Er hatte sich die Menschen anders vorgestellt. Aber es gab noch eine gute Familie: Noah, seine Frau und seine Kinder. Gott sagte zu Noah: „Bau dir eine große Arche, auf die du deine Familie und von jeder Tierart zwei, ein Männchen und ein Weibchen passen. Denn ich werde eine große Sintflut schicken." Noah tat, was er sagte. Als die Arche fertig war, begann es zu regnen. Von allen Tieren kamen zwei auf die Arche, gerade noch rechtzeitig, denn es gab eine Riesenüberschwemmung. Es regnete 40 Tage und Nächte lang, dann hörte es wieder auf. Noah schickte eine Taube, wenn sie wieder mit einem grünen Zweigchen . . . konnten sie bald wieder an Land gehen, sonst noch nicht. Beim ersten Mal brachte sie eins. Das Wasser sank, und die Sonne kam heraus. Es gab einen wunderbaren Regenbogen, ein Zeichen von Gott, dass es vorbei war. (Mädchen, 10 Jahre)

Josef aus Ägypten

Josef war der zweitjüngste Sohn. Er wurde vom Vater sehr geliebt und verwöhnt. Seine Brüder wurden neidisch, sie warfen ihn in einen Brunnen und verkauften ihn nach Ägypten. Dort musste er ins Gefängnis, weil die Frau vom Pharao so getan hat, als ob sie Josef umbringen wollte. Aber er kam wieder aus dem Gefängnis, weil er einen Traum vom Pharao deutete. Er wurde selbst so etwas Ähnliches wie Pharao. Seine Brüder kamen zu ihm. Sie erkannten ihn nicht. Sie holten den Vater. Und Josef sagte, wer er ist. Er verzieh seinen Brüdern. (Mädchen, 10 Jahre)

Mose führt die Juden aus Ägypten

Die Juden waren in Ägypten gefangen. Sie waren eingesperrt und konnten nicht heraus. Doch eines Tages aber kam ein Engel und sagte zu Mose: „Ich werde euch mit Gott herausführen. Schlachtet ein Lamm und eßt es, schmiert das Blut an eure Türen, denn der kein Blut an den Türen hat, töte ich den Ältesten." Sie machten es, wie es der Engel gesagt hat. Er kam und sagte: „Jetzt könnt ihr gehen." Sie hatten Vorsprung. Nach einer Weile erreichten sie einen Fluß. Sie sahen schon die Ägypter hinter ihnen. Sie sagten zu Mose und beschimpften ihn: „Du führst uns jetzt rüber." Er betete zu Gott:„ Bitte, führe uns über den Fluß." Das machte Mose, und der Fluß öffnete sich. Als die Ägypter kamen, ließ Gott den Fluß zumachen. (Junge, 10 Jahre)

Jesu Geburt

Maria und Josef bekamen ein Baby und hielten es geheim. Einmal, wo Maria zu Hause war, kam ein Engel und sagte: „Maria, du bekommst ein Baby. Es wird ein Junge, und er wird ein König." Als Maria das hörte, war sie sprachlos. Und der Engel verschwand wieder. Als Josef kam von der Arbeit, sagte Maria zu ihm: „Josef, wir bekommen einen Jungen, und er soll ein König sein." Josef fragte: „Von wem weißt du denn das?" Sie sagte: „Wo du weg warst, war ein Engel hier und sagte es mir." Ein wenig später bekam der König das mit und hatte Angst davor, dass er nicht mehr König ist. Es kamen drei Könige. Es waren Sternseher. Sie sagten: „Es wird einen König geben, und er wird der Herr sein." König Herodes sagte: „Bringt alle Kinder um unter drei Jahren." Und sie brachten alle um. Er befahl den Wachen, sie sollen Maria und Josef folgen. Die drei Könige sagten es Maria. Sie gingen nach Bethlehem und fragten, wo sie schwanger war, wo sie ihr Kind bekommen könne. Sie gingen in einen Stall und bekam ihr Baby. Und jeder kam und gratulierte. (Junge, 10 Jahre)

Jesu Kreuzigung
Die Priester und die Pharisäer suchten jeden Beweis, den sie gegen Jesus aufbrachten. Als sie ihn gefangen nahmen und dem Hohen Rat auslieferten, fragte Pontius Pilatus den Statthalter von Jerusalem: „Was hat dieser Mann getan?" Die Priester und Pharisäer sagten: „Er hat gegen Gott gelästert. Er behauptet, er wäre Gottes Sohn." Pilatus fragte Jesus, ein paar Mal, ob er wirklich Gottes Sohn ist, aber Jesus sagte nichts. Da wusch Pilatus seine Hände in Wasser und sagte: „Ich wasche mich in Unschuld. Macht mit ihm, was ihr wollt." Da führten sie Jesus hinaus. (Junge, 10 Jahre)

Die Auferstehung
Eines Tages kam eine Frau zu Jesu Grab, um ihn zu salben. Doch sie erschrak sehr, denn der Stein vor dem Grab war weg. Und wo Jesus gelegen war, war er jetzt nicht mehr. Plötzlich wurde es sehr hell, und es erschien ein Bote Gottes (ein Engel). Und er sagte zu der Frau: „Fürchte dich nicht. Jesus ist auferstanden." Die Frau erzählte es im Dorf allen: „Jesus ist auferstanden." Das hörten dann schließlich auch die Jünger. Nur einer wollte es nicht glauben! Da erschien Jesus den Jüngern. Und der Jünger, der es nicht geglaubt hatte, sollte seine Hand in Jesu Wunde legen. Da hat er es geglaubt. (Mädchen, 10 Jahre)

In den schriftlichen Nacherzählungen setzen die zitierten Kinder eine ganze Reihe von Merkmalen guten Erzählens ein (ausführlicher *Stachel* 1992; 1994):

♦ Sie formulieren parataktisch und setzten die relevanten Episoden unmittelbar und prägnant nebeneinander.

♦ Sie verwenden die direkte Rede.

◆ Sie verzichten auf ausschmückende Adjektive ebenso wie auf abstrakte Begriffe, verwenden aber reichlich konkrete Verben.

◆ Sie unterlassen es, biblische Gestalten zu psychologisieren.

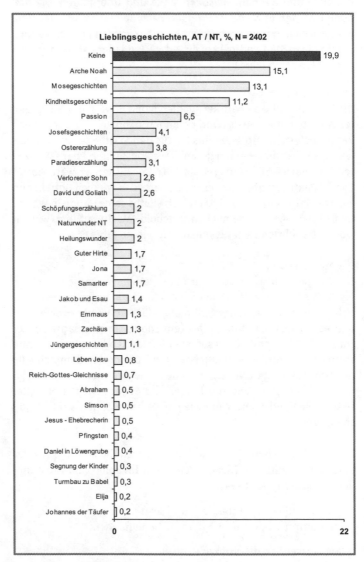

Lieblingsgeschichten, AT / NT, %, N = 2402

Keine	19,9
Arche Noah	15,1
Mosegeschichten	13,1
Kindheitsgeschichte	11,2
Passion	6,5
Josefsgeschichten	4,1
Ostererzählung	3,8
Paradieserzählung	3,1
Verlorener Sohn	2,6
David und Goliath	2,6
Schöpfungserzählung	2
Naturwunder NT	2
Heilungswunder	2
Guter Hirte	1,7
Jona	1,7
Samariter	1,7
Jakob und Esau	1,4
Emmaus	1,3
Zachäus	1,3
Jüngergeschichten	1,1
Leben Jesu	0,8
Reich-Gottes-Gleichnisse	0,7
Abraham	0,5
Simson	0,5
Jesus - Ehebrecherin	0,5
Pfingsten	0,4
Daniel in Löwengrube	0,4
Segnung der Kinder	0,3
Turmbau zu Babel	0,3
Elija	0,2
Johannes der Täufer	0,2

0   22

☺ Immerhin 80 Prozent der Kinder nannten eine Lieblingsgeschichte, mit Abstand am häufigsten die Sintflutgeschichte mit
dem tröstlichen Motiv der *Arche Noah* und den geretteten Tieren, sodann die im Lehrplan des dritten Schuljahrs vorgesehe-
nen *Mosesgeschichten*, die auch durch den Film „Der Prinz von
Ägypten", der Tausende Familien in die Kinos lockte, aufge-
frischt wurden: Nacherzählt wurde sie recht unterschiedlich:

Eines tages bekam eine Frau einen Sohn nahmens Moses weil er getötet werden sollte legte sie ihn in ein Schilfkörbchen und dann in
einen see. Als er eine weile getriben war kam er an ein Ufer wo sich
gerade die Prinzesin Badete. Als sie das Körbchen mit dem Kind
darin sah nam sie es mit und wollte so tun als wert es ihres. Als er
groß war und es heraus Kamm das das nicht der Sohn der Prinzesin
war, fuhren sie Moses in die Wüste. Nach langer Zeit Kam er zu
einen Zelt wo er seine traumfrau sah er heiratete sie dann ging er
auf den Ber wo Gott ist er lief hinauf. Oben angekommen sah er
einen brenden Busch der sagt zieh deine Schue aus du stehst auf
heiligen Boden. Dann Gab Gott ihm die zehn Gebote die er an die
Menschen verkündete.

Moses: Es gab einmal drei Plagen von Ägypten. Die Mücken Plage,
die Frosch Plag und dass ein Nebel dass Erst geborene Kind hollen
sollte.

♦ Die dritthäufigste Lieblingsgeschichte ist die der Geburt Jesu:

Die Weihnachtsgeschichte finde ich gut, weil ich dort immer Geschenke bekomme.

♦ Zu den häufiger genannten Geschichten gehören die theologisch voneinander nicht trennbaren *Passions- und Ostererzäh-
lungen*, wobei auch hier, wie bei Frage 1 (S. 24–26), mehr Kinder die *Passionsgeschichte* erzählten.

Als Jesus wusste das einer seiner Jünger ihn verleugnen wurde ging
er nach dem Abendmahl auf den Berg Gezehmanee um zu beten.
Doch als er seine Jünger aufforderte mit ihm zu beten, waren sie
unter den Olivenbäumen eingeschlafen und liesen ihn in seiner
Angst allein. Da kam Judas und küsste Jesus. Plötzlich kamen Soldaten aus ihren Verstecken und nahmen Jesus fest. Als sie ihn ab-

führten verfolgte Jesus sie. Er versteckte sich auf dem Hof als die Soldaten Jesus in eine Zelle brachten. Da kamen andere Soldaten und fragten Petrus ob er den kannte der sich als Gott ihrer bezeichnete. Darauf antwortete Petrus: „Ich habe mit ihm nichts zu tun." Da krähte der hahn einmal. Das Gespräch widerholte sin noch 3 mal. Da erinnerte sich Petrus an die Worte Jesu: „Wenn der Hahn 3 mal gekräht hat wird einer von euch mich Verleugnen." Petrus dachte: Warum mus ich, ausgerechnet ich Jesus verleugnen.

♦ Relativ häufig wurde die *Josefsgeschichte* ausgesucht, aber auch die *Ostererzählung* sowie die *Paradieserzählung*:

Der Garten Eden
Gott schuf in 7 Tagen die Welt. 7 Tage ruhte er sich aus. Adam, der erste Mensch gab jedem Tier einen Namen. Nur, Adam konnte sich nicht vermehren. Darum schuf Gott Eva. Es gab einen Baum von dem sie nicht essen durften. Doch eine Schlange verführte sie. Sie durften nicht mehr bleiben.

♦ Das am häufigsten zu den Lieblingsgeschichten gerechnete *Gleichnis* ist die *Parabel vom Gütigen Vater* (Lk 15, 11–32):

Es war einmal ein Vater mit zwei Söhnen. Einmal sagte der eine zu ihm: „Vater, ich bin nun schon groß und will ziehen. Gib mir mein Geld und ich will gehen." Der Vater trauerte um seinen Sohn und der zog los. Er feierte in der Stadt Feste mit angeblichen Freunden doch die waren nur auf sein Geld scharf dem Sohn ging es gut bis aber eines Tages sein Geld ausging. Seine Freunde verließen ihn und es kam eine große Hungersnot über das Land er fand dann aber einen Job als Schweinehirt und aß selber von ihrem Futter und dann Begriff er, dass es falsch war was er gemacht hatte und ging nach Hause mit Schuldgefühlen zurück, der Vater aber feierte ein Fest, ließ ihm ein neues Gewand umlegen. Und der andere Sohn dachte: „ich war meinem Vater immer treu und jetzt kommt er an!"

♦ Ebenso häufig gewählt wurde *David*:

David besiegte mit einer Steinschleuder Goliad. Einen starken Mann. So wurde er zum König und glaubte fest an Gott. Eines Tages sah er eine schöne Frau. Doch die Frau war verheiratet. Trotzdem lies er sie kommen und schlief mit ihr. Am nächsten Tag bereute er es. Den man dürfte nicht mit einer verheirateten Frau schlafen. Das sagten die zehn Gebote. Also schlief David auf trockener Erde und aß nichts mehr. So verzieh Gott David.

Insgesamt sind die spontan als bekannt genannten Erzählungen auch häufiger die Lieblingsgeschichten, d. h. die den Kindern lieb gewordenen Erzählungen bleiben auch länger bekannt.

♦ Die feministische Bibeldidaktik hat zu Recht moniert, Mädchen hätten weit weniger Möglichkeiten, sich mit gleichgeschlechtlichen biblischen Gestalten zu identifizieren (*Arzt* 1999, 77) als die Jungen. Auch diese Studie brachte entsprechende geschlechtstypische Differenzen zu Tage. So wählten aus der nach Geschlecht paritätischen Gesamtstichprobe deutlich mehr Jungen, nämlich 42, *David und Goliath* zu ihrer Lieblingsgeschichte als Mädchen (20). Auch bei *Mose, Adam/Eva* und der *Geburtsgeschichte* bestehen bezeichnende geschlechtstypische Unterschiede:

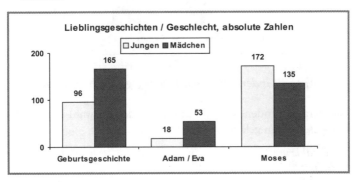

♦ Konfessionelle und regionale Differenzen wurden nur bei den fünf häufigsten Lieblingsgeschichten untersucht. Denn wenn solche nicht einmal von zwei Prozent der Kinder genannt werden, überwiegen überall diejenigen, die sie nicht zu den Lieblingsgeschichten zählen. Wie folgendes Balkendiagramm zeigt, bestehen markante konfessionsspezifische Differenzen.

Im Hinblick auf die Sintflutgeschichte ist der Unterschied dadurch erklärbar, dass sie im katholischen Religionsunterricht im vierten Schuljahr behandelt wird und daher bei den katholischen Kindern stärker im Bewusstsein präsent ist.

Vor diesem Hintergrund ist auch der regionale Unterschied zwischen den Kindern aus dem Norden und Süden verständlich. Die befragten süddeutschen Kinder würdigten die Geschichte der Arche Noah zu 17 Prozent, die im Norden zu zwölf Prozent.

Die weiteren konfessionsspezifischen Differenzen sind nicht leicht zu erklären. Unterschiede, die sich aufgrund von Abweichungen im Lehrplan ableiten ließen, gibt es nicht.

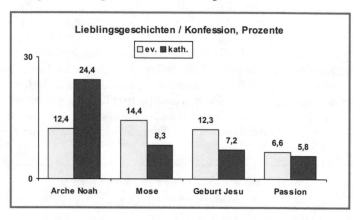

2. Was ist Kindern an ihren Lieblingsgeschichten wichtig?

Um herauszufinden, wie die Kinder zu der Auswahl ihrer Lieblingsgeschichten gelangen, baten wir sie:

> „Erzähle uns bitte, was du an dieser Geschichte besonders wichtig findest."

Wie schon bei Frage 1 gestaltete sich die Auswertung schwierig und zeitintensiv. Denn die Kinder fanden unterschiedliche Aspekte erwähnenswert. Daher war es notwendig, Kategorien zu bilden, um die Fülle der Deutungen zu quantifizieren. Wir legten 10 Kategorien fest, denen die Antworten der Kinder von zwei Auswertenden unabhängig voneinander zugeordnet wurden. Die folgende Liste präsentiert sie in der Reihenfolge der Häufigkeit.

- Eigene Deutungen. Unter ihnen sind die Antworten zusammengefasst, in denen sich eigene Interpretationen der Lieblingsgeschichten der Kinder finden:

◎ Dass Abraham zu Gott fand.

◎ Dass Noah macht, was Gott zu ihm sagt.

• Keine Antwort bzw. „weiß nicht".

• Inhaltliche Wiedergaben. Im Unterschied zu „eigene Deutungen" fassen wir unter dieser Kategorie die Aussagen der Kinder zusammen, die sich unmittelbar auf das Erzählte beziehen, ohne dass von den Befragten eigene Deutungen vorgenommen werden.

◎ Wie Eva von dem Apfel abbiss.

◎ Gott machte den Nil in zwei Teile, so das die Israeliten durch gingen. Als die Ägypter durchschritten, floss das Wasser wieder zusammen.

• Moralische Deutungen. Die Kinder ziehen aus den Geschichten moralische Konsequenzen, die sich sowohl auf die in den Geschichten handelnden Personen als auch auf die Kinder selbst beziehen können:

◎ Dass die Menschen damals gelernt hatten, nicht zu sündigen.

◎ Vater und Mutter ehren.

• Emotionale Deutungen. Hierbei handelt es sich um Antworten, die emotionale Stellungnahmen enthalten:

◎ Dass die Schafe Maria gewärmt haben.

◎ Dass der Bruder traurig war.

• Theologische Deutungen. Darunter subsumieren wir die Antworten, in denen die Kinder das Handeln Gottes oder Jesu deuten:

◎ Gott verzeiht uns immer.

◎ Dass Jesus alle Leute gleichberechtigt, auch die Sünder.

• Erlebnisorientierte Deutungen. Antworten, die sich pauschal auf den Erlebnisinhalt der Geschichte beziehen, ordnen wir dieser Kategorie zu:

◎ Die Geschichte ist geil.

◎ Dass sie interessant, spannend und gut ist.

- Negative Deutungen. Obwohl Kinder ihre Lieblingsgeschichten erzählen oder sie wenigsten nennen, gibt es eine ganze Reihe von Schülerinnen und Schüler, denen an diesen nichts wichtig erscheint:

◉ Nichts besonderes!!!
◉ Gar nichts.

- Abstrakte Deutungen. Generalisierende Aussagen fassen wir unter dieser Kategorie zusammen:

◉ Alles.
◉ Man muss Bescheid wissen.

- Außerbiblische Geschichten. Wie wir schon oben gesehen haben (Frage 1), gibt es einige Kinder, die bei der Frage nach ihren biblischen Lieblingsgeschichten außerbiblische Geschichten nennen oder erzählen. Entsprechend fallen dann auch die Antworten aus:

◉ Wo Alibaba und seine 40 Räuber ...
◉ Dass Elisabeth von Thüringen Kranken hilft.

N	gesamt 2402	Ev.BW 1185	Ev.B 699	Kath.BW 518
1. Eigene Deutungen	26.2 %	28.1 %	26.8 %	24.1 %
2. Keine Antwort	19.9 %	19.2 %	21.3 %	18.7 %
3. Inhaltliche Wiederga ben	19.3 %	18.7 %	19.1 %	19.8 %
4. Moralische Deutungen	11.4 %	12.6 %	10.8 %	13.8 %
5. Emotionale Deutungen	6.0 %	6.9 %	6.2 %	5.1 %
6. Theologische Deutungen	5.6 %	6.2 %	5.3 %	6.9 %
7. Erlebnisorientierte Deutungen	4.9 %	3.8 %	5.3 %	3.5 %
8. Negative Deutungen	2.5 %	1.1 %	1.6 %	5.6 %
9. Abstrakte Deutungen	1.7 %	1.8 %	1.8 %	1.4 %
10. Außerbiblische Geschichten	1.3 %	1.7 %	1.3 %	1.2 %

Die Kinder bestimmten, was ihnen an der Lieblingsgeschichte wichtig ist, vor allem inhaltlich.

Jede/r fünfte Schüler/in beantwortete die Frage nicht, obschon eine bestimmte Geschichte präferiert wurde. Gut jedes zehnte Kind verbindet mit seiner Lieblingsgeschichte einen moralischen Imperativ. Nur knapp sechs Prozent gelangen zu einer explizit theologischen Aussage. Insgesamt zeigt sich, dass viele Kinder mit der Verbalisierung dessen, was ihnen an biblischen Geschichten wichtig ist, Probleme haben. Möglicherweise werden sie im Rahmen der religiösen Unterweisung dazu zu wenig herausgefordert.

- Jungen und Mädchen verteilen sich gleichmäßig über die geschilderten Kategorien hinweg. Auch sonst erscheinen die Ergebnisse, von folgenden Ausnahmen abgesehen, weitgehend homogen.

- Die katholischen Kinder neigen weniger stark dazu, ihre Lieblingsgeschichten inhaltlich zu deuten, wohingegen sie öfter als die evangelischen negative Deutungen vornehmen.

- Berliner Kinder geben mehr erlebnisorientierte Antworten als die in Süddeutschland.

Das Gesamtergebnis lässt es als notwendig erscheinen, biblische Geschichten nicht nur zu erzählen, sondern unter unterschiedlichen Perspektiven nach ihrer Relevanz zu befragen.

3. Zusammenhang der biblischen Geschichten mit dem Leben der Kinder

Um herauszufinden, ob die Geschichten der Kinder, die sie besonders mögen, für sie persönlich relevant erscheinen, haben wir danach gefragt, ob sie etwas mit dem Leben der Kinder zu tun haben oder nicht. Ausdrücklich bejahte dies knapp jedes dritte Kind:

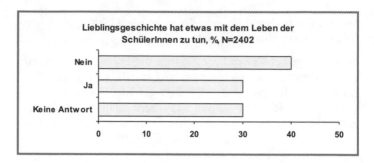

Lieblingsgeschichte hat etwas mit dem Leben der SchülerInnen zu tun, %, N=2402

Warum hat die biblische Lieblingsgeschichte etwas mit dem Leben zu tun bzw. weshalb nicht? Um zu quantifizierbaren Aussagen zu gelangen, wurden Kategorien gebildet, zunächst solche für subjektiv wahrgenommene Korrelationen:

- Sachliche Gründe. Darunter fallen Antworten, die sich auf faktische Begebenheiten beziehen:

◎ weil es am Heiligen Abend passiert ist.
◎ weil wir sonst jetzt sicher nicht leben würden.
◎ ohne die Geschichte gäbe es kein Wasser zum Leben.

- Bekenntnis und Glaube. Hierunter werden solche Aussagen der Kinder subsumiert, die auf den eigenen Glauben oder auf den in den biblischen Geschichten erzählten Glauben der Menschen hinweisen:

◎ weil Jesus uns errettet hat, und er wieder auf die Erde kommen wird. Aber auch so ist er immer bei uns.
◎ weil ich genauso an Gott glaube wie Moses und alle anderen Menschen auch.
◎ weil ich auf Gott vertraue.

- Gleiche oder ähnliche Erfahrungen. Die Kinder verknüpfen eigene Erfahrungen oder Erfahrungen von Menschen, die ihnen nahe stehen, mit Motiven, die in ihrer Lieblingsgeschichte vorkommen. Das ist für sie der Grund, warum die Geschichte etwas mit ihnen und ihrem Leben zu tun hat:

◎ Ich werde auch fast jeden Tag mit Fleisch und Brot gefüttert.
◎ Ich glaube, ich bin auch fröhlich auf die Welt gekommen. Und meine Mutter und mein Vater waren fröhlich.

◎ Mich haben auch viele belogen, aber meine Eltern haben mich lieb. Und das ist so ähnlich wie in der Geschichte.

• Identifikation. Einige Kinder identifizieren sich stark mit Personen oder Inhalten der Geschichte. Dies ist für sie der Grund, warum sie etwas mit ihnen und ihrem Leben zu tun hat:

◎ Wenn die Flut wieder kommt, bin ich betroffen.
◎ Wenn das Land überflutet, dass ich dann auch helfe.
◎ Ich helfe den anderen. Ich bringe ihn zum Arzt. Ich bringe ihn nach Hause.

• Moralische Gründe. Manche Kinder leiten aus ihren Lieblingsgeschichten für ihr Leben moralische Konsequenzen ab, deshalb haben diese Geschichten etwas mit ihnen und ihrem Leben zu tun:

◎ Man lernt, dass man auch heimkommen und sagen kann: Das war nicht gut, was ich getan habe.
◎ dass man leihen muss.
◎ weil man anderen Sachen geben soll, die man selber hat.

• Sonstige. Darunter haben wir Aussagen zusammengefasst, die keine plausible Antwort auf die gestellte Frage geben:

◎ Weil Jesus so einfach ist.

• Emotionale Gründe. Unter dieser Kategorie werden Aussagen zusammengefasst, die sich nicht auf den Inhalt der Geschichte beziehen, sondern auf deren emotionale Qualität für die Hörerinnen oder die Hörer:

◎ Weil ich dabei immer fröhlich werde, und weil ich biblische Geschichten gern habe.
◎ Weil ich sie gern höre.
◎ Ich finde sie nur gut.

• Angaben ohne Grund. Manche Kinder scheinen das Gefühl zu haben, dass die Geschichte etwas mit ihnen zu tun hat, sie sind aber nicht in der Lage, dies zu formulieren:

◎ Ich weiß nicht warum, aber sie hat was mit meinem Leben zu tun.

N	gesamt 2402	Ev.BW 1185	Ev.B 699	Kath.BW 518
1. Sachliche Gründe	5.9 %	6.7 %	4.3 %	6.2 %
2. Bekenntnis und Glaube	5.7 %	8.1 %	1.7 %	6.2 %
3. Gleiche oder ähnliche Erfahrungen	5.3 %	5.1 %	4.7 %	6.6 %
4. Identifikation	4.4 %	5.3 %	3.1 %	3.9 %
5. Moralische Gründe	4.2 %	4.2 %	2.4 %	6.4 %
6. Sonstige Angaben	2.0 %	1.3 %	3.4 %	1.7 %
7. Emotionale Gründe	1.5 %	1.9 %	0.4 %	1.7 %
8. Ohne Grund	0.7 %	0.9 %	0.4 %	0.6 %

Knapp ein Drittel der Kinder konstatiert einen Zusammenhang zwischen ihrer Lieblingsgeschichte und ihrem Leben.

♦ Bemerkenswerte Unterschiede gibt es dabei zwischen den Kindern aus Baden-Württemberg und Berlin. Letztere beziehen nur zu 20 Prozent ihre Lieblingsgeschichte auf ihr Leben, die Süddeutschen hingegen zu ca. 33 Prozent. Auch sonst differieren die im Norden und im Süden Befragten erheblich, speziell bei „Bekenntnis und Glaube" und ähnlich bei „moralische Gründe".

Deutlich mehr Kinder sind der Meinung, ihre Lieblingsgeschichte habe mit ihrem Leben nichts zu tun, und zwar aus folgenden Gründen:

• Persönliche Gründe. Unter dieser Kategorie haben wir alle Äußerungen der Kinder zusammengefasst, die verdeutlichen, dass sie nichts mit den Personen, die in ihrer Geschichte vorkommen, zu tun haben und sich mit ihnen nicht identifizieren:

◎ Weil Josef ganz anders war als ich.
◎ Weil ich nicht Jesus bin.
◎ Weil Abraham nicht mein Vater ist.

- Angaben ohne Grund. Einige Kinder wiesen nur darauf hin, ihre Lieblingsgeschichte habe nichts mit ihrem Leben zu tun.

- Fehlende Erfahrung inhaltlich. Von der Kategorie „persönliche Gründe" und „Fehlende Erfahrung" (s. u.) unterscheidet sich diese dadurch, dass sich die Antworten der Kinder inhaltlich auf das Handeln oder die Situation der in ihren Lieblingsgeschichten vorkommenden Personen beziehen:

◎ Weil mein Leben anders ist.
◎ Weil ich leider noch nie einen brennenden Dornbusch gesehen habe, wo Gott heraus spricht.
◎ Weil ich nicht nach Ägypten abgehauen bin.
◎ Weil ich nicht gekreuzigt worden bin.

- Geographische und historische Distanz. Diese Kategorie beinhaltet Aussagen, die deutlich machen, dass die Geschichte an einem fernen Ort oder in früherer Zeit spielt. Dabei treten zahlenmäßig besonders Aussagen hervor, die sich auf die zeitliche Distanz beziehen:

◎ Es hat nichts mit meinem Leben zu tun, weil ich noch nicht auf der Welt war.
◎ Weil es viel später war.
◎ Weil es in Ägypten ist und die Menschen früher anders waren.
◎ Weil ich nicht dabei war.

- Inhaltliche Gründe. Auf Ablehnung stoßen Geschichten, weil an deren inhaltlichen Richtigkeit gezweifelt wird:

◎ Weil wir ja nie eine Flut bekommen werden; und weil wir ja nicht so ein Schiff bauen werden.
◎ Weil heute keine Menschen im Stall geboren werden, und keine Engel und Hirten kommen.
◎ Weil keine Flut das ganze Land überschwemmen kann.

- Fehlende Erfahrung. Für einige Kinder haben deren Lieblingsgeschichten deshalb keinen Bezug zu ihrem Leben, weil sie das, wovon die Geschichten berichten, selbst noch nie erlebt haben:

◎ Weil mir so etwas nicht passiert ist.
◎ Weil mir das noch nie zugestoßen ist.

- Fehlender Glaube. Einige Kinder können keinen Bezug zu ihrem Leben feststellen, weil sie nicht daran glauben, wovon in der Geschichte berichtet wird; oder sie lehnen den Glauben an Gott oder Jesus Christus ab:

◎ Weil ich an die Geschichte nicht glaube.
◎ Weil ich an Gott nicht glaube.

- Sonstige Gründe. Hier werden alle Antworten zusammengefasst, die auf die gestellte Frage keine Antwort geben bzw. unsinnig erscheinen.

- Emotionale Gründe. Unter diesem Stichwort haben wir solche Antworten gebündelt, die sich auf den emotionalen Eindruck der Geschichte beziehen. Dieser Eindruck kann positiv oder negativ sein. In beiden Fällen gilt jedoch, dass die Befragten sich von der Überzeugung leiten lassen, dass ihre Geschichte nichts mit ihrem Leben zu tun hat. Entsprechenden Antworten lauten:

N	gesamt 2402	Ev.BW 1185	Ev.B 699	Kath.BW 518
1. Persönliche Gründe	9.5 %	7.2 %	13.6 %	9.5 %
2. Angaben ohne Grund	6.7 %	6.0 %	9.2 %	4.8 %
3. Fehlende Erfahrung inhaltlich	6.6 %	8.2 %	4.9 %	5.2 %
4. Zeitliche oder geografische Distanz	4.5 %	3.9 %	7.0 %	2.3 %
5. Inhaltliche Gründe	3.1 %	3.5 %	0.9 %	5.4 %
6. Fehlende Erfahrung	2.9 %	3.4 %	2.1 %	2.9 %
7. Fehlender Glaube	2.4 %	1.8 %	3.6 %	2.3 %
8. Sonstige Gründe	2.0 %	2.1 %	1.9 %	2.1 %
9. Emotionale Gründe				
Positiv	0.5 %	1.2 %	0.3 %	0.9 %
Negativ	0.6 %	1.9 %	0.8 %	1.2 %

positiv:

◎ Weil ich die Geschichte einfach toll finde.
◎ Weil sie mir einfach gefällt.

negativ:

◎ Weil sie zu brutal ist.
◎ Weil sie nicht lustig ist.

♦ Deutlich mehr Berliner Kinder sehen im Vergleich zu jenen in Süddeutschland keinen Bezug zwischen ihrem Leben und ihrer biblischen Lieblingsgeschichte, vor allem aus persönlichen Gründen, wegen zeitlicher und räumlicher Distanz sowie aufgrund fehlenden Glaubens. Auch ist die Zahl derer, die auf die Frage nicht antwortet bzw. keinen Grund benennt, auffallend höher als in Baden-Württemberg. Wiederum fällt der Unterschied zwischen den süddeutschen katholischen und evangelischen Kindern weit weniger ins Gewicht.

Aufgrund der entwicklungspsychologischen Tatsache, dass wohl die meisten der von uns befragten Kinder der Stufe des konkret operatorischen Denkens zuzuordnen sind (*Piaget* [10]2000, *Bucher* 1990), überraschen die häufigen fehlenden bzw. negativen Antworten wenig. Biblische Geschichten werden mythisch-wortwörtlich (*Fowler* 1991) aufgefasst. Um mögliche Korrelationen zu verbalisieren, sind entsprechende kognitive Kompetenzen vorausgesetzt, insbesondere die Fähigkeit, Gemeinsamkeiten zwischen einer biblischen Geschichte und dem Hier und Jetzt auf den Begriff zu bringen, wozu Abstraktionsvermögen notwendig ist. Dennoch: Mehr als jedes vierte Kind stellt explizit einen Zusammenhang zwischen seiner Lieblingsgeschichte und sich bzw. seinem Leben her. Interessant sein wird zu prüfen, welche Faktoren dies fördern: Die häusliche Beschäftigung mit biblischer Tradition? Der Glaube an Gott? Gebetspraxis und Gottesdienstbesuch?

Wir werden später auf diese Frage zurückkommen.

4. Weitererzählen der Lieblingsgeschichte

Ein wichtiges Kriterium für die Relevanz der biblischen Geschichte, die den Kindern besonders gefällt, ist, ob sie diese anderen weitererzählen wollen oder nicht. Wenn ja, wäre es aufschlussreich, die möglichen Adressaten zu kennen. Sind es vor allem Gleichaltrige? Oder Erwachsene? Oder haben sie gar bestimmte Personen im Auge, für die ihre Lieblingsgeschichte aus unterschiedlichen Gründen bedeutsam sein könnte?

Deshalb baten wir: „Schreibe bitte auf, wem du diese Geschichte gerne erzählen würdest."

Die gebildeten Kategorien beziehen sich auf:

* Familie. Unter diese Kategorie fallen „Eltern", „Geschwister", „Großeltern", „andere Verwandte" (Onkel, Tante), „die eigenen Kinder" sowie „Haustiere und Kuscheltiere." Letztere werden der Kategorie „Familie" zugeordnet, da bei Kindern dieser Altersstufe ein enges, oftmals geradezu familienähnliches Verhältnis zu Haus- und Kuscheltieren angenommen werden kann.

* Keine Angabe

* Ablehnende Aussagen. Hier finden sich Antworten wie:

  ◎ Ich weiß nicht
  ◎ Ich will die Geschichten niemandem erzählen.

* Nahestehende. Hierzu zählen „Freunde und Freundinnen", „Mitschülerinnen und Mitschüler" sowie „Bekannte und Nachbarn".

* Sonstige. Dieses Stichwort umfasst alle Antworten, die den übrigen Kategorien nicht zuzuordnen sind.

* Allgemeine Angaben. Antworten, in denen keine konkreten Personen genannte werden, sondern (irgendwelche) „Kinder", „Hilfsbedürftige" (Arme, Kranke, Alte), „alle Menschen", „der ganzen Welt" oder allgemein „irgendwem".

* Missionarischer Inhalt. In dieser Kategorie sind alle Antworten zusammengefasst, die einen missionarischen Inhalt erkennen lassen:

◎ Die Geschichte soll Menschen erzählt werden, die Gott, Jesus oder die Bibel nicht kennen.

N	gesamt 2402	Ev.BW 1185	Ev.B 699	Kath.BW 518
1. Familie	49.2 %	51.6 %	44.6 %	49.5 %
2. Keine Angabe	19.2 %	16.6 %	23.2 %	21.3 %
3. Ablehnende Aussagen	9.6 %	7.1 %	15.9 %	7.4 %
4. Nahestehende	9.1 %	10.9 %	6.5 %	8.2 %
5. Sonstige	5.9 %	5.2 %	5.9 %	7.6 %
6. Allgemein	5.3 %	6.8 %	3.1 %	4.7 %
7. Missionarisch	1.6 %	2.2 %	0.8 %	1.1 %

Knapp die Hälfte der Kinder würde ihre Lieblingsgeschichte ihrer Familie erzählen. Bei differenzierterer Analyse sind die Adressaten vor allem die Eltern (27.7 Prozent), gefolgt von den Geschwistern (24.3 Prozent) und den Großeltern (19.7 Prozent). Aber auch spätere eigene Kinder werden von 13.4 Prozent der Befragten genannt. Immerhin drei Prozent würden die Geschichte auch ihren Kuschel- bzw. Haustieren erzählen, die sie besonders mögen.

Neben der Kategorie „Familie" sind die „Nahestehenden" zu nennen. Knapp zehn Prozent können sich diese als mögliche Zuhörer ihrer Lieblingsgeschichte denken. Allen übrigen Gruppen kommt im Vergleich dazu eine geringere Bedeutung zu.

Fast jedes dritte Kind kann oder will auf die gestellte Frage keine Antwort geben, für wen die Lieblingsgeschichte interessant sein könnte bzw. gibt abwegige Antworten.

♦ Deutliche Unterschiede gibt es zwischen den Kindern aus Berlin und Baden-Württemberg. Wenn man das Weitererzählen als Kriterium der persönlichen Relevanz der Lieblingsgeschichte heranzieht, dann ist deutlich, dass diese bei den Berliner Kindern in geringerem Maße gegeben ist. Dies gilt für alle Kategorien, wobei besonders die Zahl der negativen und der fehlenden Antworten hervorsticht. Aber auch im Hinblick auf die Feinanalyse der Kategorie „Familie" zeichnen sich deutliche Unterschiede ab. Im Verhältnis zur Gesamtstichprobe wählen die Berliner Kinder mit 36.9 Prozent die Eltern weit häufiger als Adressaten, wohingegen die Geschwister weniger oft genannt werden (17.1 Prozent). Möglicherweise unterstellen diese Berliner Kinder ihren Eltern, die entsprechende biblische Geschichte nicht zu kennen; möglich ist auch, dass mehr Berliner Kinder kein Geschwister haben.

♦ Die Differenzen zwischen evangelischen und katholischen Kindern sind weit geringer als die zwischen denen im Norden und im Süden.

♦ Die geschlechtstypischen Differenzen sind gering. Zwar wurden der Kategorie „negative Aussagen" deutlich mehr Jungen (13.4 Prozent) als Mädchen (8.1 Prozent) zugeordnet; aber bei den übrigen Kategorien bestehen keine signifikanten Differenzen. Sowohl Jungen als auch Mädchen würden – wenn überhaupt – ihre Lieblingsgeschichte überwiegend Personen ihrer Familie anvertrauen.

5. Warum die Lieblingsgeschichte weitererzählen?

Auch bei der Auswertung dieser Frage war es nötig, Kategorien zu bilden, um zu quantifizierbaren Ergebnissen zu gelangen:

• Allgemeine Charakterisierungen der Geschichte. Die meisten Kinder nannten pauschale Gründe, beispielsweise:

◎ Weil die Geschichte spannend ist.
◎ Weil sie schön ist.
◎ Weil sie wichtig ist.

• Keine Antwort

• Missionarische Gründe. Einige (wenige) Kinder gehen davon aus, dass es notwendig ist, bestimmte Geschichten an andere weiter zu geben, um sie zum Glauben zu führen:

◎ Weil die Menschen von Gott erfahren sollen.
◎ Weil die Menschen von Jesus wissen sollen.
◎ Weil die Geschichte zum Glauben führen kann.

- Pädagogische Gründe. Die hier zugeordneten Antworten enthalten entweder pauschale Hinweise auf die pädagogische Bedeutung der biblischen Erzählung, oder sie beziehen sich auf konkrete Inhalte.

◎ Weil uns die Geschichte was zeigt.
◎ Weil jeder wissen sollte, wer mein Nächster ist.

- Sonstige

- Erlebnisorientierte Gründe, bezogen auf konkrete Inhalte. Die Aussagen, die dieser Kategorie zuzuordnen sind, betonen den Spaß, die Freude oder die Spannung, die die Kinder im Zusammenhang mit bestimmten Inhalten ihrer Lieblingsgeschichten verbinden:

◎ Weil es so spannend war, wo Petrus und Johannes einen Mann getroffen haben und rausgekommen ist, es war Jesus!

- Negative Antworten

◎ Ich erzähle die Geschichte nicht weiter.

- Akzeptanz des Adressaten. Unter diesem Stichwort sind Antworten zusammengefasst, bei denen sich die Kinder von der Akzeptanz des Adressaten leiten lassen:

◎ Weil sie meinem Opa gefällt.
◎ Weil sie meinem Papa gefällt.

- Spaß am Erzählen. Der Grund, warum die Kinder ihre Lieblingsgeschichte weiter erzählen wollen, besteht darin, dass sie Spaß am Erzählen haben:

◎ Weil ich die Geschichte gern erzähle.

- Seelsorgerliche Gründe. Darunter werden die Aussagen zusammengefasst, die darauf hinweisen, dass die von den Kindern erzählten Lieblingsgeschichten mit der Intention weitergegeben werden, um anderen zu helfen oder sie glücklich zu machen:

◎ Weil sie Menschen glücklich machen kann.
◎ Weil sie Menschen helfen kann.

- Glaubenswissen. Einige Kinder sehen einen Grund, ihre Geschichte zu erzählen, darin, um anderen zu zeigen, was sie von Gott oder Jesus wissen:

◎ Weil ich zeigen will, dass ich etwas von Gott weiß.

N	gesamt 2402	Ev.BW 1185	Ev.B 699	Kath.BW 518
1. Allgemeine Charakterisierungen	32.3 %	34.9 %	27.6 %	32.8 %
2. Keine Antwort	30.2 %	24.5 %	39.3 %	30.0 %
3. Missionarische Gründe	14.4 %	16.2 %	9.0 %	17.4 %
4. Pädagogische Gründe	5.1 %	6.0 %	7.8 %	6.0 %
5. Sonstige	3.9 %	4.5 %	6.6 %	3.2 %
6. Erlebnisorientiert bezogen auf Inhalte	3.3 %	3.9 %	2.8 %	2.6 %
7. Negative Antworten	3.0 %	2.0 %	5.0 %	2.6 %
8. Akzeptanz des Adressaten	2.7 %	2.4 %	3.2 %	2.6 %
9. Spaß am Erzählen	2.4 %	2.1 %	4.1 %	1.7 %
10. Seelsorgerliche Gründe	1.9 %	3.3 %	0.1 %	1.0 %
11. Glaubenswissen	0.6 %	0.7 %	0.8 %	0.2 %

Am häufigsten geben die Kinder allgemeine Gründe an, warum sie ihre Lieblingsgeschichten erzählen würden, am zweithäufigsten jedoch keine Antwort. Diese Zahl wird noch gesteigert, wenn wir die Zahl der negativen Antworten hinzu nehmen. Überraschend hoch ist der Anteil derer, die missionarische Gründe ins Spiel bringen. Dies kann vielleicht damit erklärt werden, dass durchschnittlich etwa jedes siebente Kind aufgrund der Behandlung der biblischen Geschichten im Religionsunterricht davon ausgeht, dass diese Geschichten etwas mit der Weitergabe des Glaubens zu tun haben oder zum Glauben führen sollte. Möglicherweise projizieren sie diese Einsicht auf andere. Der Kontext des Religionsunterrichts mag auch dazu führen, dass Kinder mit ihren Lieblingsgeschichten pädagogische Absichten in Verbindung bringen. Alle anderen Antworten fallen aufgrund der geringen statistischen Häufigkeiten kaum ins Gewicht.

- Regionale Unterschiede sind vor allem zwischen den Kindern aus Berlin und Baden-Württemberg zu erkennen. In dieser Hinsicht fällt auf, dass deutlich mehr Berliner Kinder keine Antwort geben bzw. auf negative Aussagen zurückgreifen.

- Unterschiede zeigen sich auch im Hinblick auf die Anzahl allgemeiner Aussagen und bei der Nennung „missionarischer" Gründe. Besonders krass fällt hier der Unterschied zwischen den katholischen Kindern aus Baden-Württemberg und denen aus Berlin auf. Offenbar sehen die Berliner Kinder den Wert biblischer Geschichten weniger stark in der Weitergabe des Glaubens.

- Die geschlechtsspezifischen Differenzen fallen kaum ins Gewicht, ausgenommen bei den missionarischen Gründen, die die Mädchen zu 18 Prozent ansprachen, die Jungen mit 10 Prozent jedoch signifikant seltener.

Zusammenfassung

- Ein hoher Prozentsatz (80 Prozent) der befragten Kinder hat eine Lieblingsgeschichte. Vor allem sind dies solche Geschichten, die emotional stark besetzt sind.

- Im Hinblick auf die Geschlechter gibt es auffallende Unterschiede, wobei es festzuhalten gilt, dass Mädchen bei der Weitergabe biblischer Geschichten weit weniger Identifikationsangebote erhalten als Jungen.

- Bei der Frage, was ihnen an ihrer bevorzugten Geschichte wichtig erscheint, dominieren inhaltliche und moralische Aussagen.

- Eine Mehrheit der Kinder stellt fest, dass ihre Lieblingsgeschichte nichts mit ihrem Leben zu tun hat. Dabei verweisen sie – entwicklungspsychologisch nahe liegend – auf persönliche Gründe, fehlende Erfahrung bezogen auf die Inhalte ihrer Lieblingsgeschichte oder die geographische und zeitliche Distanz zwischen ihrem Leben und der Geschichte.

♦ Etwa ein Viertel der Befragten bezieht die Lieblingsgeschichte auf das eigene Leben und begründet dies mit den Kategorien Bekenntnis und Glaube, gleiche oder ähnliche Erfahrungen und moralische Schlussfolgerungen, die sie aus ihrer Lieblingsgeschichte ableiten.

♦ Als Adressaten für die Weitergabe ihrer favorisierten Geschichte geben die Befragten in erster Linie Familienmitglieder an. Dabei nehmen die Eltern eine bevorzugte Stellung ein.

♦ Vor allem sind es Aussagen wie „Die Geschichte ist spannend, wichtig, schön", die zur Weitergabe einladen. Aber auch „missionarische" und „pädagogische" Gründe werden – zwar deutlich seltener – genannt.

Wo und durch wen begegnen Kindern biblische Geschichten?

1. Herkunft der Kenntnisse biblischer Geschichten

In der aktuellen Diskussion um den Religionsunterricht wird unter anderem argumentiert, dieser sei notwendig, damit der biblisch-christliche Wurzelstrang unserer Kultur nicht in Vergessenheit gerät. Hinsichtlich der Kenntnisse biblischer Geschichten wird diese These durch die Antworten der Kinder auf folgende Fragen voll und ganz belegt:
- „Kreuze bitte an, woher du die Geschichte kennst. Hier kannst du mehrere Kreuze machen."
- „Kreuze bitte an, wer dir diese Geschichte erzählt hat. Hier kannst du mehrere Kreuze machen."

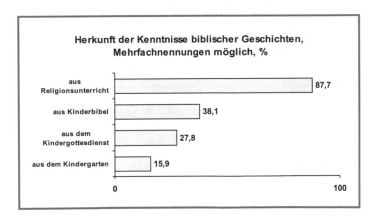

Herkunft der Kenntnisse biblischer Geschichten, Mehrfachnennungen möglich, %

aus Religionsunterricht	87,7
aus Kinderbibel	38,1
aus dem Kindergottesdienst	27,8
aus dem Kindergarten	15,9

Fast 90 Prozent aller befragten Kinder kennen ihre biblische Lieblingsgeschichte vom Religionsunterricht. Zwar mögen sie sie auch in der Kinderbibel gelesen und im Kindergottesdienst oder im Kindergarten gehört haben, aber deutlich wird, dass dem Re-

ligionsunterricht im Hinblick auf die Weitergabe der biblischen Tradition grundlegende Bedeutung zukommt.

Ohne Religionsunterricht, so lässt sich schlussfolgern, würden mehr als die Hälfte aller Kinder mit biblischen Geschichten kaum vertraut sein.

Dieses Ergebnis wird bestätigt, wenn wir danach fragen, wer den Kindern biblische Geschichten erzählt. Die folgende Grafik zeigt, dass es vor allem die Religionslehrerinnen und Religionslehrer sind, von denen die Befragten biblische Geschichten kennen. Wenn man bedenkt, dass in Baden-Württemberg auch Pfarrerinnen und Pfarrer Religionsunterricht erteilen, dann vergrößert sich die Zahl der entsprechenden Antworten.

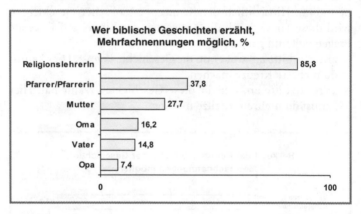

Die männlichen Bezugspersonen erzählten aus der Sicht der Kinder seltener biblische Geschichten als Großmutter und Mutter.

In jedem Fall sind es heute überwiegend die professionellen Glaubensvermittler und Glaubensvermittlerinnen, die es ermöglichen, dass Heranwachsende biblischen Geschichten begegnen.

Dies zeigen auch die Ergebnisse bei den Items, die sich auf die Häufigkeit biblischer Praxis im Elternhaus bezogen, insbesondere die des Erzählens durch Eltern und Großeltern, wie aus dem Folgenden hervorgeht.

2. Erzählhäufigkeit in der Familie

Um herauszufinden, in welchem Ausmaß Kinder biblischen Geschichten in der Familie begegnen, haben wir sie gefragt, ob und wie oft ihnen die Eltern und Großeltern heute biblische Geschichten erzählen bzw. früher erzählt haben. Aufgrund der Antworten fällt zweierlei auf: Nur eine kleine Minorität von Eltern und Großeltern erzählt mehr oder weniger regelmäßig biblische Geschichten. Hinzu kommt, dass die Zehnjährigen der Meinung sind, sowohl die Eltern als auch die Großeltern hätten – wenn überhaupt – früher häufiger biblische Geschichten erzählt. Dies lässt darauf schließen, dass biblische Geschichten in der Familie vor allem jüngeren Kindern erzählt werden, etwa im Zusammenhang mit dem Kirchenjahr oder als „Gute-Nacht-Geschichten" vor dem Einschlafen.

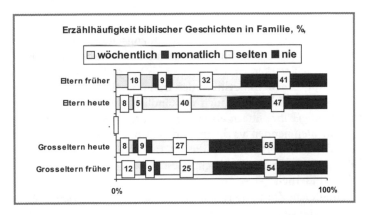

Folgende vier Items interkorrelieren signifikant: Eltern heute – Großeltern heute: r = .39, Eltern heute – Großeltern früher: r = .60. Das heißt: Je häufiger Großeltern die Praxis der biblischen *Narratio* gepflegt haben, desto häufiger tun dies auch die Eltern. Biblische Erzähltradition in der Familie bedingt, dass die Eltern selber über entsprechende Erfahrungen aus ihrer Kindheit verfügen.

Die Interkorrelation aller vier Items rechtfertigt es, sie zu einer Skala der „Erzählhäufigkeit biblischer Geschichten im Elternhaus" zusammenzustellen, deren Reliabilität (α = .79) ganz ausgezeichnet ist.

♦ Bezüglich der Erzählhäufigkeit besteht ein deutliches Nord-Süd-Gefälle. Eltern ebenso wie Großeltern erzählen in Süddeutschland häufiger biblische Geschichten als im Norden.

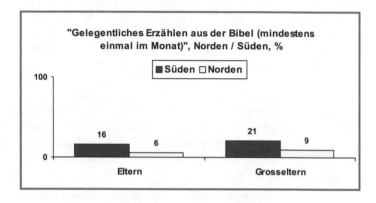

Dieses Gefälle wird in der Literatur oft konstatiert (vgl. u. a. Daiber 1995, 112). Dabei gilt es zu beachten, dass insbesondere Berlin deutlich stärker säkularisiert ist als beispielsweise Hannover oder Nordelbien. In Berlin ist der Traditionsabbruch weit vorangeschritten; dies macht auch verständlich, warum Berliner Kinder häufiger ihre Eltern als mögliche Adressaten ihrer Lieblingsgeschichten nennen als die im Süden (s. o.). Allerdings sind auch auf der Schwäbischen Alb die Eltern und Großeltern, die den Kindern regelmäßig biblische Geschichten erzählen, massiv in der Minderheit.

In diesem Zusammenhang stellte sich uns eine weitere, spannende Frage:

Nennen Kinder, wenn ihnen Eltern häufiger Bibelgeschichten erzählen, mehr biblische Geschichten? Und erzielen sie im Bibeltest höhere Werte?

Tatsächlich korreliert die Erzählfrequenz der Eltern sowohl mit der Anzahl spontan genannter Bibelgeschichten ($r = .12$, $p = .000$) als auch mit den Ergebnissen im Bibeltest ($r = .07$, $p = .001$). Allerdings sind die Koeffizienten, die wegen der umfangreichen Stichprobe durchaus eine große Aussagekraft haben, sehr niedrig. Demnach beeinflusst die Erzählhäufigkeit der Eltern Bibelkenntnisse nur geringfügig.

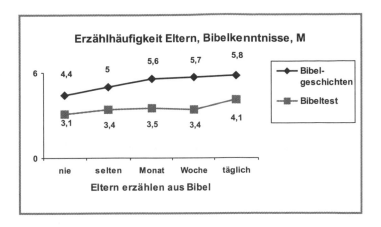

Erzählhäufigkeit Eltern, Bibelkenntnisse, M

Dies rechtfertigt den Schluss, dass Kinder ihre Bibelkenntnisse nur zu einem sehr geringen Anteil aus dem Elternhaus beziehen, sondern vielmehr aus dem Religionsunterricht.

3. Kinderbibeln und Kassetten mit biblischen Geschichten

Kenntnisse biblischer Geschichten speisen sich nicht nur aus Erzählungen vonseiten der Eltern und Erzieherinnen, sondern mitunter auch aus eigener Lektüre von Kinderbibeln, aus dem Fernsehen oder von Kassetten. Zunächst interessierte uns, wie viele der Befragten angaben, eine eigene Kinderbibel zu besitzen. 55 Prozent bejahten dies; die Kinder im Süden deutlich häufiger (62 Prozent) als jene in Berlin (38 Prozent) (p = .000). Auch bestehen – damit verglichen – geschlechtstypische Unterschiede: Mädchen nennen häufiger eine Kinderbibel ihr Eigen (60 Prozent) als Jungen (52 Prozent).

Dass eine Kinderbibel im Bücherschrank steht, verbürgt jedoch noch nicht, dass Kinder tatsächlich darin lesen. Entscheidend ist die Häufigkeit der Lektüre. Und diese ist nicht gerade groß, im Norden noch deutlich seltener als im Süden.

Insgesamt überwiegen sowohl auf der Schwäbischen Alb als auch an der Spree diejenigen Schülerinnen und Schüler, die selten oder gar nie in der Bibel lesen (Gesamtstichprobe: 50 Prozent). Signifikant sind die geschlechtstypischen Differenzen: Die

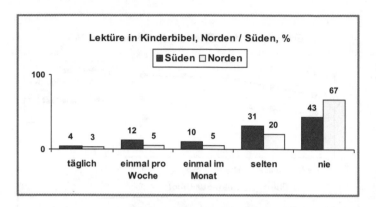

Mädchen lesen ihren Angaben zufolge häufiger in ihrer Kinderbibel (wöchentlich 17 Prozent versus 12 Prozent; $F = 32$, $p = .000$); dies deckt sich mit ihrer generell höheren Lektürehäufigkeit (*Fuhs* 1996, 150).

Deutlich stärker als der Geschlechts- bzw. regionale Effekt wirkt sich auf das Leseinteresse jedoch die Häufigkeit aus, mit der Kindern biblische Geschichten erzählt werden. Die Korrelation zwischen der Häufigkeit der eigenen Lektüre und der Skala „Erzählhäufigkeit" beträgt $r = .54$ und ist sehr aussagekräftig.

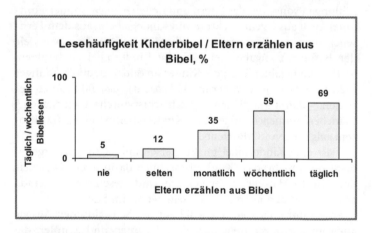

Wenn Kindern häufiger aus der Bibel erzählt wird, tendieren sie dazu, auch häufiger in ihr zu lesen.

Wiederum lässt sich fragen, ob häufigere Lektüre in einer Kinderbibel mit mehr spontan genannten Bibelgeschichten sowie mit mehr Punkten im Bibeltest zusammenhängt. In Anbetracht dessen, dass jedes zweite Kind angab, überhaupt nie in einer Bibel zu lesen, und nur jedes dreißigste täglich, ist zu erwarten, dass die Zusammenhänge ähnlich schwach ausfallen wie bei der Erzählhäufigkeit durch die Eltern.

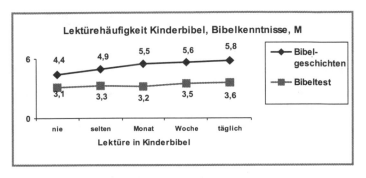

Die Lektürehäufigkeit korreliert mit der Anzahl spontan aufgelisteter Bibelgeschichten zu r = .16 (p = .000), mit der Anzahl erreichter Punkte schwächer (r = .07, p = .001).

Biblische Geschichten werden primär im Religionsunterricht angeeignet.

Da die meisten Kinder nur höchst sporadisch in einer Bibel lesen, wenn überhaupt – Erwachsene übrigens auch (51 Prozent nie, 7 Prozent „fast jeden Tag"; vgl. *Dubach/Campiche* 1993, 339) – wäre es illusorisch anzunehmen, sie würden sich biblische Inhalte gleichsam autodidaktisch aneignen.

Die meisten deutschen Kinder besaßen 1999 ein eigenes Tonbandgerät bzw. CD-Player (*Fölling-Albers* 2001, 36). Kassetten mit biblischen Geschichten werden, obschon 24 Prozent angaben, solche zu besitzen, nur höchst selten eingeschoben. Nur 1 Prozent gab an, dies sei täglich der Fall, 77 Prozent hingegen überhaupt nie. Norddeutsche und süddeutsche Schülerinnen und Schüler unterscheiden sich diesbezüglich zwar in der erwarteten Richtung, aber insgesamt nur wenig:

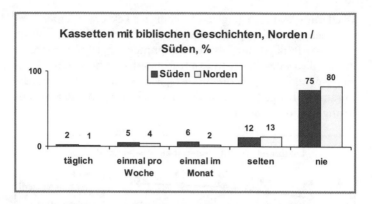

Kassetten mit biblischen Geschichten, Norden / Süden, %

■ Süden □ Norden

	täglich	einmal pro Woche	einmal im Monat	selten	nie
Süden	2	5	6	12	75
Norden	1	4	2	13	80

Zwar sagten gut fünf Prozent der Befragten, sie hätten „früher" jeden Tag solche Kassetten angehört, 77 Prozent aber überhaupt nie. Die Rezeption biblischer Geschichten über Tonbandkassetten hat demnach Seltenheitswert.

Zusammenfassung

♦ Die Kinder kennen ihre Lieblingsgeschichten vor allem aus dem Religionsunterricht. Zahlenmäßig in weitem Abstand folgen die Kinderbibel, der Kindergottesdienst und der Kindergarten. Die Weitergabe der biblischen Tradition wird daher vor allem von Religionslehrerinnen und Religionslehrern geleistet.

♦ Im Hinblick auf die den Kindern vertrauten Bezugspersonen sind es in erster Linie die Mütter, die – wenn überhaupt – weit öfter ihren Kindern biblische Geschichten erzählen als die Väter oder die Großeltern. Wichtig ist in diesem Zusammenhang die Tatsache, dass dann biblische Geschichten in den Familien erzählt werden, wenn bereits den Eltern von ihren Müttern und Vätern biblische Geschichten erzählt worden sind.

♦ Insgesamt ist festzustellen, dass den Kindern in der Vorschulzeit mehr und öfter in der Familie die biblische Tradition begegnet ist als gegenwärtig.

- Etwa die Hälfte aller Befragten besitzt Kinderbibeln, aber nur die wenigsten lesen zumindest gelegentlich darin. Wenn dies geschieht, dann sind es vor allem die Mädchen, die sich die Geschichten in der Kinderbibel vornehmen.

- Insgesamt besteht bei der Weitergabe des biblischen Wissens ein deutliches Nord-Süd-Gefälle. Das bedeutet, dass die *Narratio* biblischer Geschichten in Berlin noch weniger gepflegt wird als dies in Süddeutschland der Fall ist.

Die Vorstellung von der Bibel und zukünftiges Interesse an ihren Geschichten

1. Zwar nicht modern, aber von Gott und wichtig

Die Vorstellungen, die die Kinder von der Bibel haben, wurden mit einem einfachen semantischen Differenzial erfragt, in dem die Bibel entweder als „modern" oder „alt", „langweilig" oder „spannend", „wahr" oder „erfunden" etc. beurteilt werden konnte.

modern	16.4 %	83.6 %	alt
von Gott	69.0 %	31.0 %	von den Menschen
für mich wichtig	74.5 %	25.5 %	für mich unwichtig
spannend	76.0 %	24.0 %	langweilig
wahr	86.8 %	13.2 %	erfunden
gut	95.2 %	4.8 %	böse

Die Bibel, für Schülerinnen und Schüler höherer Stufen oftmals ein rotes Tuch oder bloßes Märchenbuch, wird von den Grundschulkindern außerordentlich positiv beurteilt. Zwar findet sie nur jedes sechste Kind „modern", aber mehr als zwei Drittel führen sie auf Gott zurück, und noch mehr sagen, sie sei wichtig, spannend, wahr und gut.

Eine Faktorenanalyse zeigte, dass die fünf letzten Items stark interkorrelieren. Insbesondere gilt dies für „spannend" und „für mich wichtig" ($r = .64$). Dieses Ergebnis hängt auch mit „wahr" stark signifikant zusammen. Wer die Bibel für erfunden hält, attestiert ihr kaum, auch wichtig zu sein. In der Tat sind von denjenigen, für die die Schrift wichtig ist, nur vier Prozent der Meinung, sie sei erfunden.

Die Wahrheit der Bibel hängt für die meisten Kinder damit zusammen, dass sie von Gott ist.

Die fünf Items ließen sich zu einer Skala „Bibelkonzept" zusammenstellen, die recht verlässlich ist ($\alpha = .72$).

2. Wovon das Bibelkonzept abhängt

Wovon hängt, soweit aus dem Fragebogen eruierbar, das *Bibelkonzept*, also das Verständnis der Kinder von der Bibel und ihr Verhältnis zu ihr, ab? Vom Geschlecht? Dem Alter? Der Region? Oder religiösen Sozialisationsfaktoren?

♦ Obgleich die Mädchen in der Bibel weniger gleichgeschlechtliche Identifikationsgestalten finden, beurteilen sie sie noch positiver ($F = 40.1$, $p = .000$) als die Jungen: 80 Prozent von ihnen halten sie für wichtig, gegenüber 68 Prozent der Jungen.

♦ Obschon gemäß anderen Untersuchungen die positive Sicht auf die Bibel mit dem Alter deutlich zurückgeht (*Tamminen* 1993, 146–166), ließen sich keine signifikanten Alterseffekte nachweisen ($F = 0.3$, $p = .72$). Dies liegt insbesondere daran, dass die altersmäßige Streuung der Stichprobe (9 bis 11 Jahre) schmal ist. Allerdings zeigte eine Feinanalyse der einzelnen Items bei zwei Merkmalen doch Unterschiede, die zwar das Gesamtbild nicht beeinflussen, jedoch interessante Details abbilden: So hielten deutlich mehr der Neunjährigen (91 Prozent) die Bibel für alt; von den Elfjährigen waren immerhin 18 Prozent der Ansicht, sie sei modern. Gegenläufig und unerwartet ist der Trend bei „Die Bibel: von Gott – von den Menschen". Angesichts des oft berichteten Befundes, dass mit steigendem Alter deistische Gotteskonzepte stärker in den Vordergrund treten, überraschte, dass die Neunjährigen zu 38 Prozent davon ausgingen, die Bibel sei „von den Menschen", die Elfjährigen hingegen mit 24 Prozent deutlich seltener. Dieses Ergebnis ist schwer zu interpretieren. Es kann damit zusammenhängen, dass sich die Kinder bei der Aussage „von Gott" im semantischen Differenzial von der Annahme leiten ließen, dass die Bibel „von Gott" *erzählt*. Bei den älteren Kindern könnte dann davon ausgegangen werden, dass sie eine klarere Vorstellung von den Intentionen biblischer Geschichten haben als jüngere. Dies ist jedoch nur eine Vermutung, die durch weitere Untersuchungen zu verifizieren oder zu falsifizieren wäre.

♦ Stärker ins Gewicht fallen regionale Unterschiede. Die Bibel wird im Süden durchgehend wohlwollender beurteilt als in Berlin.

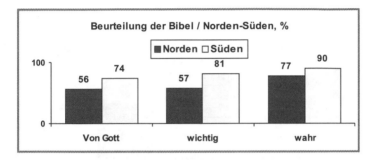

♦ Noch stärker hängt das Bibelkonzept von der Erzählhäufigkeit im Elternhaus ab. Die beiden Skalen korrelieren mit r = .33 signifikant.

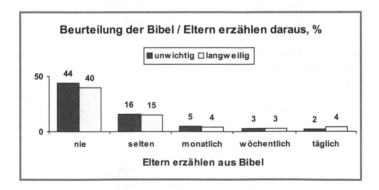

Eine positive Korrelation (r = .34) besteht auch mit der Häufigkeit der Lektüre in einer Kinderbibel. Zumindest gelegentliche Beschäftigung mit der Bibel ist offensichtlich eine Voraussetzung dafür, dass ihr gegenüber eine positive Einstellung entsteht.

3. Zukünftiges Interesse an biblischen Geschichten

Dieses ist durchaus gegeben, zumindest mittelfristig, kann sich doch die Einstellung gegenüber Religion – und Bibel – in der beginnenden Adoleszenz drastisch und massiv verändern. Mehrheitlich bejahten die Schülerinnen und Schüler das Item „Ich würde gern noch mehr biblische Geschichten hören", im Süden häufiger als im Norden, Mädchen ausgeprägter als Jungen.

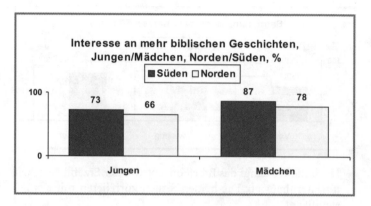

Gut jedes fünfte Kind ist nicht an weiteren Bibelgeschichten interessiert, angesichts der gelegentlich behaupteten Bibelmüdigkeit Heranwachsenden ist dies erstaunlich wenig. Warum die gut 22 Prozent keine weiteren biblischen Erzählungen mehr hören möchten, wurde offen erfragt. Die teils sehr unterschiedlichen Antworten

◎ Weil man immer was dazu malen muss! Sie sind auch langweilig!
◎ Weil ich alle schon drei mal gehört habe
◎ Weil ich nicht so fest an Gott glaube
◎ Weil ich keine Zeit habe sie mir anzuhorchen
◎ Ich möchte keine Geschichten hören! Aus fertig, basta.
◎ Kein Kommentar

wurden insgesamt acht Kategorien zugeordnet, von denen eine hinsichtlich ihrer Häufigkeit überragt: Langeweile, gekoppelt mit fehlender Spannung und der Ablehnung der Bibel als altmodisch.

Keine weiteren Bibelgeschichten	gesamt	Ev.BW	Ev.B	Kath.BW
weil altmodisch	12.2 %	9.4	14.5	14.3
weil bereits bekannt	2.0 %	2.8	1.3	1.4
„weiß nicht"	1.8 %	1.6	2.4	1.6
weil Bibel „doof, dumm"	1.4 %	0.8	1.7	2.1
weil ich sie hören muss	1.3 %	1.2	1.9	0.5
weil kein Glaube an Gott	0.6 %	0.4	1.1	0.2
weil keine Zeit	0.5 %	0.7	0.1	0.7
weil sie nicht wahr sind	0.5 %	0.1	0.9	0.7

Die Kategorien 2 bis 8 sind statistisch vernachlässigbar, die Differenzen zwischen den Konfessionen und Regionen marginal. Der religionskritische Vorwurf, die Bibel sei erfunden, begegnet nur ganz vereinzelt; auch der gelegentlich artikulierte Einwand, die biblischen Geschichten würden sich wiederholen und Sättigungseffekte bewirken, wurde nur von 49 der 2402 Kinder erhoben.

4. Erwartungen an zukünftige biblische Geschichten

78 Prozent der Befragten gaben an, an weiteren biblischen Geschichten interessiert zu sein. Aber wie sollten diese beschaffen sein?

◎ Auf jeden Fall sollten sie spannend sein und manchmal auch traurig.
◎ Am liebsten höre/lese ich Gleichnisse. Aber auch Geschichten aus dem alten Testament mag ich. Zum Beispiel die Geschichte von Judith, da ich selbst Judith heiße und es mich interessiert
◎ Eine Horrorgeschichte

Die sehr unterschiedlichen Antworten wurden auf 13 Kategorien aufgeteilt:

• Spannend. Dieses Adjektiv begegnete am häufigsten:

◎ Spannend, aufregend, nicht langweilig.

◎ Die Geschichten müssen ein bisschen spannender sein.
◎ Sie sollten mit Action und Spannung lauten.

• Schön und gefällig. Dieser Kategorie wurde zugeordnet, wer sich „schöne" Geschichten wünscht, solche, die „gefallen", „toll" und „nicht traurig" seien:

◎ Sie sollen schön sein und nicht langweilig.
◎ Schön, wenn Tiere mitspielen, wenn sie gut ausgehen.
◎ Fröhlich, gut, lustig, schön.

• Der Kategorie „Qualität" zugeordnet wurde, wer von biblischen Geschichten erwartet, dass sie „gerecht" sind, „nicht zu brutal", „wahr", „ehrlich" etc.

◎ Sie sollten nicht so grauenhaft sein wie die Kreuzigung von Jesus.
◎ Sie sollten nicht erfunden sein, direkt aus der Bibel stammen.
◎ Sie sollten glücklich am Ende sein. – Gott soll nicht so streng sein.

• „Interesse" ist eine Basisemotion und eine der stärksten Motivationen. Immerhin jede/r zehnte Befragte nannte dieses im Hinblick auf biblische Geschichten explizit:

◎ Interessant sollten sie sein.
◎ Weil sie immer interessant und lehrreich sind.

• 151 mal wurde explizit gewünscht, weitere biblische Geschichten sollten Gott zur Sprache bringen:

◎ Mir ist es egal, ich möchte nur mehr über Gott erfahren; daher ist es mir egal, wie sie sind.
◎ Weil ich dann immer mehr erfahren kann von Gott.
◎ Sie sollten sehr viel mit Gott zu tun haben.

Dass biblische Geschichten „lustig" und „witzig" sein sollten und vor allem unterhaltend, erwarten 151 Befragte.
◎ Sie sollen lustig, witzig, spannend sein.

◎ Spannend, witzig, geheimnisvoll, gruselig, gut

• Eine eigenständige Kategorie ist, dass biblische Geschichten von Jesus erzählen:

◎ Sie sollten über Jesus etwas Wahres erzählen.

◎ So wie die anderen wo Jesus Leute heilt.

• Gewünscht wurde auch, künftige biblische Geschichten sollten „lehrreich" sein:

◎ Eine Geschichte, wo ich was dabei lerne.
◎ Es sollten Geschichten sein, in denen die Menschen von Gott etwas lernen.

• Wohl geformte Geschichten sind so strukturiert, dass sie eine klare Lösung haben, zumal ein Happy-End, was sich knapp 100 Kinder ausdrücklich wünschten:

◎ Schön mit Hapiend.
◎ Die sollen immer glücklich sein. Und nicht an den Ende offen sein.
◎ Das Ende soll fröhlich ausgehen.

Die fünf verbleibenden Kategorien sind selten. 75 Schülerinnen und Schüler nannten konkrete Beispiele, etwa „Geschichten von Moses", „von Josef"; nahezu gleich viele wünschten „gleiche Geschichten" wie bisher. 43 Schülerinnen und Schüler gaben an, es nicht zu wissen, und nur 15 (0.6 Prozent) plädierten für gewalttätige Geschichten, beispielsweise „brutal blutspritzend", „Es muss krieghaft sein und Wunden".

Die weiteren Bibel-geschichten sollten	gesamt	Ev.BW	Ev.B	Kath.BW
spannend sein	35.1 %	35.6 %	34.3 %	35.4 %
gefallen	20.8 %	23.2 %	14.5 %	23.8 %
Qualitäten aufweisen	11.9 %	11.7 %	10.3 %	13.3 %
interessant sein	9.3 %	7.7 %	11.5 %	10.0 %
von Gott handeln	7.7 %	9.7 %	3.9 %	8.4 %
lustig und witzig sein	6.3 %	5.2 %	7.5 %	7.0 %
von Jesus erzählen	6.3 %	7.8 %	1.1 %	9.6 %
lehrreich sein	4.6 %	4.1 %	3.9 %	6.3 %
ein Happy End haben	4.0 %	3.7 %	4.3 %	4.0 %

Die weiteren Bibel-geschichten sollten	gesamt	Ev.BW	Ev.B	Kath.BW
konkrete Beispiele (wie Mose, Josef; Maria)	3.2 %	3.4 %	2.2 %	3.7 %
wie die bisherigen sein	1.9 %	2.3 %	1.4 %	1.8 %
„weiß nicht"	1.8 %	1.7 %	2.4 %	1.2 %
brutaler sein	0.6 %	0.4 %	1.0 %	0.4 %

Hinsichtlich der Erwartungen an künftige Bibelgeschichten unterscheiden sich Schülerinnen und Schüler im Süden und Norden bzw. katholische und evangelische wenig. Am häufigsten gaben sie an, spannende und „gefällige" Geschichten zu erwarten, und nur ganz vereinzelt „brutalere". Bei „von Gott handeln" und „von Jesus erzählen" liegt die Quote der Berliner Schülerinnen und Schüler signifikant (p = .000) unter derjenigen im Süden.

◆ Erheblicher sind die geschlechtstypischen Unterschiede: Mädchen erwarten signifikant häufiger Geschichten, die von Jesus und Gott handeln, lehrreich sind und Qualitäten aufweisen; die Jungen hingegen überwiegen einzig in der Kategorie, künftige biblische Geschichten sollten brutaler sein (14 Jungen versus 1 Mädchen).

Zusammenfassung

◆ Das Gesamtergebnis zeigt, dass die befragten Kinder ein mehrheitlich positives Verhältnis zur Bibel haben. Dabei ist hervorzuheben, dass dies bei Mädchen noch stärker der Fall ist als bei Jungen.

◆ Offensichtlich hängt die positive Einstellung zur Bibel auch mit der Erzählhäufigkeit biblischer Geschichten im Elternhaus und der eigenen Bibellektüre zusammen.

◆ Wie schon bei anderen Fragen, ist wiederum ein deutliches Nord-Süd-Gefälle wahrnehmbar. Die Kinder aus Berlin beurteilen die Bibel weniger positiv als die Jungen und Mädchen aus Baden-Württemberg, wobei die Differenz im Hinblick auf den Wahrheitsanspruch der Bibel am geringsten ausfällt.

- Eine deutliche Mehrheit wünscht, weitere biblische Geschichten kennen zu lernen. Die 22 Prozent Befragten, die dies bestreiten, begründeten dies primär damit, Bibelgeschichten seien langweilig.

- Von künftigen Bibelgeschichten wird insbesondere gewünscht, spannend zu sein, zu gefallen und gute Qualitäten aufzuweisen, beispielsweise wahr zu sein. Im Mittelfeld der Erwartungen liegt, dass sie ausdrücklich Gott und Jesus zur Sprache bringen.

Der Einfluss der Religiosität der Kinder auf die Bibelkenntnisse

Die Religiosität der Kinder erfragten wir mit insgesamt drei Items:

	sehr fest	fest	nicht so fest	überhaupt nicht
Ich glaube an Gott	44.8 %	29.3 %	18.9 %	7.1 %
	jeden Tag	**mehrmals pro Woche**	**selten**	**überhaupt nicht**
Ich bete	31.5 %	22.5 %	30.8 %	15.2 %
	jeden Sonntag	**einmal im Monat**	**selten**	**nie**
Ich gehe in den Kindergottesdienst	24.0 %	10.1 %	23.5 %	42.4 %

Die subjektiv wahrgenommene Gläubigkeit ist hoch und entspricht den Ergebnissen anderer Studien; nur sieben Prozent gaben an, nicht an Gott zu glauben. Genau gleich viele lehnten in der von *Bucher* (2000, 125) durchgeführten Evaluationsstudie zum Religionsunterricht an Grundschulen das Item „Gott hat die Welt erschaffen" ab. Die subjektiv wahrgenommene Gebetshäufigkeit ist – wie wiederholt, auch in der jüngsten Shell-Jugendstudie (*Fuchs-Heinritz* 2000) festgestellt – höher als die des Gottesdienstbesuchs, wobei die Quote von 24 Prozent bei „jeden Sonntag" überraschend hoch erscheint. Allerdings bestehen erhebliche regionale und konfessionelle Unterschiede:

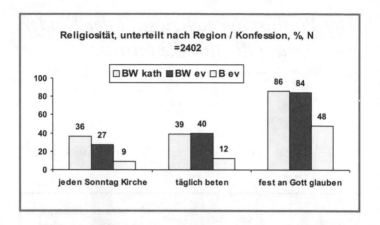

Religiosität, unterteilt nach Region / Konfession, %, N =2402

□ BW kath ■ BW ev □ B ev

	jeden Sonntag Kirche	täglich beten	fest an Gott glauben
BW kath	36	39	86
BW ev	27	40	84
B ev	9	12	48

Evangelische und katholische Schülerinnen und Schüler, im Süden lebend, gaben gleich häufiges Gebet an; auch hinsichtlich des Gottesdienstbesuches unterscheiden sie sich im Vergleich mit den Berliner Kindern nicht so stark. Die Ergebnisse belegen das wiederholt konstatierte Süd-Nord-Gefälle der religiösen Einstellung und Praxis, wobei aber auch im Süden diejenigen Schülerinnen und Schüler überwiegen, die nicht wöchentlich die Kirche besuchen und nicht täglich beten.

Die Items interkorrelieren in hohem Maß und ließen sich zu einer Skala „Religiöse Praxis" zusammenstellen, deren Reliabilität ausreicht ($\alpha = .75$). Insbesondere der Glaube an Gott und das Beten – „das zentrale Phänomen der Religion" (*Heiler* 1920) – hängen hoch signifikant zusammen ($r = .65$).

♦ Bestätigen ließ sich auch das wiederholt festgestellte höhere Ausmaß religiöser Praxis bei Mädchen (dazu *Schweitzer* 1993): Diese verzeichneten auf der Skala einen Mittelwert von 8.2, die Jungen jedoch von 7.7 ($F = 19$, $p = .000$). Konkret manifestiert sich diese Differenz darin, dass die Mädchen zu 36 Prozent angaben, täglich zu beten, die Jungen mit 27 Prozent deutlich seltener.

Beeinflusst „religiöse Praxis" das Ausmaß an Bibelkenntnissen und die Einstellung gegenüber der Heiligen Schrift? Dies wurde überprüft, indem die Skala „Religiöse Praxis" in drei gleich breite Intervalle (gering, mittel, hoch) unterteilt wurde; anschließend wurde eine Varianzanalyse mit den drei abhängigen Variablen „Bibelkenntnisse", „Ergebnisse Bibeltest" sowie „Bibelkonzept" vorgenommen:

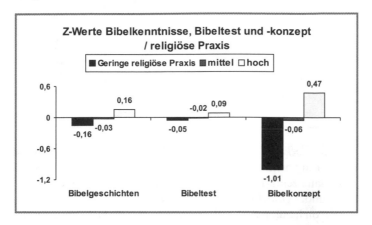

Die naheliegende Hypothese, dass mehr religiöse Praxis mit mehr Bibelkenntnissen einhergeht, wie sie in dieser Studie offen und testmäßig erfragt wurden, ließ sich grundsätzlich bestätigen. Schülerinnen und Schüler mit weniger Praxis nannten im Durchschnitt 4.4 Geschichten, die mittlere Gruppe 4.7, und die überdurchschnittlich häufig Betenden 5.3 (F = 17.7, p = .000). Noch geringer, aber gleichwohl schwach signifikant (F = 4.1, p = .01) sind die Effekte der religiösen Praxis auf die Ergebnisse im Bibeltest.

Massiv stärker hingegen erhöht religiöse Praxis die Wertschätzung der Bibel als „für mich wichtig", „gut" und „wahr" etc. (F = 270, p = .000).

Besonders bei der Wichtigkeit der Bibel sind die Differenzen enorm: Schülerinnen und Schüler, die angaben, fest an Gott zu glauben und häufig zu beten, bescheinigen ihr diese zu nahezu 100 Prozent, aber bloß gut jede/r Dritte mit wenig religiöser Praxis.

Eindrücklich zeigt sich der Effekt der religiösen Praxis auf die Einstellung gegenüber der Bibel, die offensichtlich eine wichtige Komponente der religiösen Selbsteinschätzung ist. Klassische religionspsychologische Messinstrumente zur Religiosität, zumal

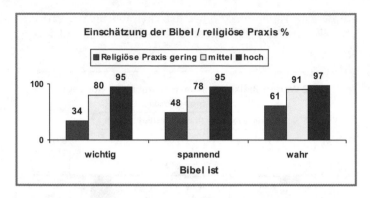

Einschätzung der Bibel / religiöse Praxis %

das von *Glock*, enthalten daher auch zahlreiche Items, die auf die Bibel Bezug nehmen, sei es zur Häufigkeit der Lektüre, sei es zur Akzeptanz zentraler biblischer Aussagen, beispielsweise dass Jesus Wunder gewirkt hat (dazu *Huber* 1996, 97).

Wovon hängt religiöse Praxis, wie in diesem Fragebogen erhoben, ab? Einerseits, wie schon angedeutet, vom Geschlecht und der Region, aber in besonderem Maße auch von der Häufigkeit biblischen Erzählens im Elternhaus, und damit von religiöser Sozialisation:

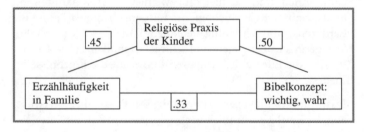

Je häufiger in der Familie aus der Bibel erzählt wurde bzw. (noch) wird, desto häufigeres Gebet und desto mehr Glaube, desto positiver aber auch die Einstellung zur Bibel.

Das Balkendiagramm (S. 85) belegt zwar den Effekt der familiären Bibelpraxis, aber es öffnet auch eine zusätzliche Sichtweise: Selbst wenn Kindern im Elternhaus nie aus der Bibel erzählt wird, werden deren Geschichten von knapp zwei Dritteln gleichwohl als wichtig und spannend gewürdigt. Dies ist zweifellos dem

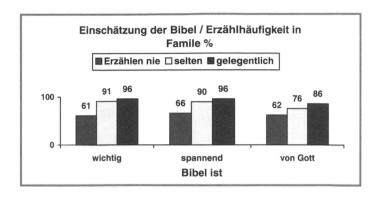

Einschätzung der Bibel / Erzählhäufigkeit in Familie %

■ Erzählen nie □ selten ■ gelegentlich

wichtig · spannend · von Gott

Bibel ist

schulischen Religionsunterricht zu verdanken, der für zusehends mehr Kinder der einzige Ort ist, an dem sie der biblisch-christlichen Tradition begegnen.

Zusammenfassung

♦ Mehrheitlich glauben die befragten Schülerinnen und Schüler an Gott, mehr als die Hälfte betet zumindest wöchentlich. Dem gegenüber ist der Gottesdienstbesuch weit seltener; er korreliert aber signifikant mit Gläubigkeit und Gebet.

♦ Die in Berlin Befragten gaben ein signifikant niedrigeres Ausmaß an religiöser Praxis an.

♦ Religiöse Praxis korreliert geringfügigst mit Bibelkenntnissen, aber hoch signifikant mit einer positiven Einstellung gegenüber der Bibel.

♦ Biblisches Erzählen im Elternhaus korreliert signifikant mit religiöser Praxis und damit auch mit einer positiven Einstellung gegenüber der Heiligen Schrift. Offensichtlich gelingt es Religionslehrerinnen und Religionslehrern in einem beachtlichen Ausmaß, auch jenen Kindern die Bibel als spannend und wichtig nahe zu bringen, die im Elternhaus keine biblischen Geschichten hör(t)en.

Die Ergebnisse im Vergleich mit früheren und ähnlichen Untersuchungen

Studien zur Beliebtheit biblischer Geschichten und Gestalten gibt es seit dem Beginn des 20. Jahrhunderts.

- In der Folge wurde immer wieder festgestellt, wie „kläglich" das biblische Wissen von Schülerinnen und Schüler sei, so dass die gängige Rede von biblischem Traditionsabbruch zumindest ernst zu nehmen ist (Abschnitt 1).

- Einen Meilenstein in der Empirie des Bibelwissens und ihrer Lebensrelevanz bei Heranwachsenden setzte *Bröking-Bortfeldt* (1984) (Abschnitt 2).

- Seine Studie wurde zumindest partiell von *Berg* (1989) wiederholt (Abschnitt 3).

- Als Vergleichsfolie für unsere Ergebnisse sind auch Studien zur Empirie des Religionsunterrichts wichtig, sofern sie nach dem Platz der Bibel in diesem Fach fragten (Abschnitt 4);

- sodann entwicklungspsychologische Studien zum Verstehen biblischer Geschichten (Abschnitt 5).

1. Frühe Studien

Empirische Untersuchungen zu religiösem Wissen im Allgemeinen, biblische im Speziellen, wurden seit dem Beginn des 20. Jahrhunderts durchgeführt. Charakteristisch ist die Studie von *Voß* (1926), der prüfte, „wie die religiösen Vorstellungen der Kinder auf den verschiedenen Altersstufen beschaffen sind" (9), unter anderem die zu den biblischen Konzepten „Gott vergibt und erhört . . .", „Jesus", „Weihnachten", „Ostern", „Pfingsten". Er fand, dass jüngere Kinder über mitunter krude, buchstäbliche

Vorstellungen verfügen, die erst im Jugendalter – und auch hier nicht vollständig – durch einen „vergeistigten Typus" abgelöst werden. Entsprechend konkret verstünden jüngere Kinder auch biblische Geschichten.

Mit unserer Studie partiell vergleichbar sind „einige experimentelle Beobachtungen" von *Lobsien* (1903). Er fragte 500 Volksschülerinnen und Volksschüler in Norddeutschland, paritätisch aufgeteilt nach Geschlecht, auch danach, „welche Persönlichkeit der heiligen Geschichte die liebste" sei. Mit Abstand am häufigsten genannt wurde Jesus, gefolgt von Abraham, David, Josua, Maria, Ruth, Samuel und Mose. Dies deckt sich nur zum Teil mit unseren Ergebnissen auf die Frage nach der biblischen Lieblingsgeschichte (möglicherweise sind die Divergenzen durch die unterschiedliche Fragestellung bedingt): Noah, begegnet bei *Lobsien* (1903) überhaupt nicht, während in unserer Stichprobe die Erzählung von der Arche am häufigsten zur Lieblingsgeschichte gewählt wurde, Mose weit seltener, desgleichen Josef. Umgekehrt scheint den am Ende des 20. Jahrhunderts befragten Kindern Josua weitestgehend unbekannt, ebenfalls Ruth und Samuel. Konvergent mit unseren Ergebnissen ist jedoch, dass auch 1903 die Schülerinnen und Schüler *gleichgeschlechtliche* biblische Gestalten favorisierten, die Mädchen speziell Maria, vereinzelt auch Martha und Sarah, die von keinem einzigen Jungen genannt wurden. Umgekehrt waren es ausschließlich Jungen, die Simson, Gideon, Salomo, Goliath zu ihren Lieblingen rechneten. Konvergent ist ferner, dass die Propheten ebenso wenig präsent sind wie Paulus und andere Akteure und Protagonistinnen in der Apostelgeschichte.

Immer wieder wird beklagt, wie wenig Kinder aus der Bibel wüssten. Auch dieses Klagelied ist nicht neu. *Dehn* (1933), der nach dem Ersten Weltkrieg Berliner Arbeiterjugendliche über ihre Einstellung zu Religion und Kirche befragte, qualifiziert ihre religiös-sittlichen Gedanken sowie ihr Bibelwissen als „kläglich" und zitiert einen Lehrling, der Folgendes erzählte: „Unser Pastor hat gesagt: Die Bibel ist ein Gewässer, in dem ein Elefant schwimmt und ein Lamm badet." (115)

Dass Bibelkenntnisse, trotz Religionsunterricht, häufigerem Kirchgang als heute und autoritärerer religiöser Sozialisation, nicht sonderlich ausgeprägt waren, wurde wiederholt nachgewiesen, so in einer groß angelegten Studie der Sheffield University (Großbritannien) aus dem Jahre 1961 (aus *Hyde* 1990, 255 f.). Sie brachte bei den 14- und 15jährigen Schülerinnen und Schüler „a great lack of biblical knowledge" zu Tage. Drei Viertel hätten nicht angeben können, warum Pfingsten gefeiert werde. Zwar hätten die meisten mindestens zwei Wundergeschichten und zwei Gleichnisse nennen können; viele aber hätten die beiden Gattungen verwechselt. Nur wenige wussten die Namen von mindestens zwei alttestamentlichen Propheten, und die Mehrheit war nicht in der Lage, fünf alttestamentliche Ereignisse (u. a. David, babylonisches Exil) in die richtige Chronologie zu bringen. *Alves* (1968) replizierte diesen Test – mit ähnlich ernüchternden Ergebnissen – bei älteren Schülerinnen und Schülern.

Positivere Ergebnisse erbrachte eine Studie von *Bailey* (1964), der 529 amerikanische Jugendliche nach ihrer Bibelpraxis befragte und ihnen einen Bibeltest vorlegte, der darin bestand, dass sie zwanzig Bibeltexte insgesamt sechzehn Lebenssituationen zuzuordnen hatten. Eine dieser Situationen bestand darin, dass an einem Picknick, an dem zu wenig Essen da war, Mary ihre Ration mit Jane teilte, obschon diese schlecht über sie geredet hatte – die ‚richtigen' Bibelverse waren Mt 5,44 (Feindesliebe) sowie Mt 25,35 („Ich war hungrig, und ihr habt mir zu essen gegeben"). 75 Prozent der möglichen Zuordnungen seien korrekt gewesen, bei den Mädchen häufiger als den Jungen; auch die religiöse Unterweisung und die kirchliche Praxis hätten einen positiven Effekt auf die Leistungen in diesem Test gehabt. Mit dieser grundsätzlichen Kompetenz „to relate passages from the Bible . . .. to their concerns" (248) kontrastiert jedoch die Performanz: Die Bibel werde zwar als wertvoll respektiert, aber die Jugendlichen „did not think it was related to their interests" (243).

Geprüft wurde das faktische Bibelwissen auch mit dem Messinstrument von *Glock* & *Stark* (1965), enthält dieses doch eine „intellektuelle Dimension", die mit Items operationalisiert wurde, die auf Bibelwissen Bezug nehmen, beispielsweise „Which of the following were Old Testament prophets? (Check as many answers as you think are correct.):

☐ Elijah, ☐ Deuteronomy, ☐ Paul, ☐ Jeremiah, ☐ Leviticus, ☐ Ezekiel, ☐ None of these (aus Huber 1996, 105).

Das Ergebnis entspricht den Befunden in Großbritannien: „Factual knowledge of the Bible among adolescents was low" (aus *Hyde* 1990, 265).

Die erste größere deutsche Studie zu Bibelkenntnissen, aber auch zur lebenspraktischen Bedeutung der Schrift, führte *Bröking-Bortfeldt* (1984) durch.

2. Der Meilenstein von Bröking-Bortfeldt

In den achtziger Jahren befragte *Bröking-Bortfeldt* (1984) insgesamt 750 niedersächsische Schülerinnen und Schüler zwischen dem dreizehnten und sechzehnten Lebensjahr nach der Bedeutung, welche die Bibel für ihr Leben hat. Mehrheitlich sind die Befragten evangelisch (88 Prozent); 39 Prozent besuchten ein Gymnasium, 35 Prozent die Realschule und 26 Prozent eine Hauptschule. Die Studie von *Bröking-Bortfeldt* (1989) ist nicht nur insofern pionierhaft, als er nach der faktischen Bedeutung der Bibel im Leben Jugendlicher fragte, sondern auch, weil er gründliche statistische Analysen durchführte, die die in der Religionspädagogik vielfach übliche Auflistung von Prozentwerten hinter sich lassen (insbesondere Kontingenz- und Korrelationsanalysen). Er legte seinen Probandinnen und Probanden einen Fragebogen mit 49 umfangreichen Items vor, die u. a. die Häufigkeit der Bibellektüre und die besonders beliebten biblischen Geschichten und Gestalten erfragten, aber auch, wo und wie sie der Bibel begegnen: im Konfirmandenunterricht? zu Hause etc.?

Von der Fragestellung her ist die Studie in Vielem mit der hier präsentierten vergleichbar, weniger jedoch vom Altersdurchschnitt der Befragten her, der hier deutlich niedriger ist.

Dennoch bestehen markante Übereinstimmungen: Die niedersächsischen Schülerinnen und Schüler nannten als besonders beeindruckende biblische Geschichten gerade jene, die auch in dieser Studie bevorzugt aufgelistet wurden, nämlich: aus dem Alten Testament am häufigsten die *Schöpfungsgeschichte*, die *Sintflutgeschichte* und den *Exodus*, aus dem Neuen Testament hingegen die *Kindheitsgeschichte*, gefolgt von den *Gleichnissen* vom verlorenen Sohn, dem barmherzigen Samariter und dem verlorenen Schaf.

Allerdings verneinte mehr als die Hälfte die Frage, ob es in der Bibel beeindruckende Geschichten gäbe (162 f.). Noch häufiger war dies bei folgender Frage der Fall: „Gibt es Personen in der Bibel, die dich besonders beeindruckt haben?" 30 Prozent verneinten dies, 26 Prozent gaben an, sich an deren Namen nicht mehr erinnern zu können, und weitere 13 Prozent gaben Antworten, die für die Untersuchung nicht auswertbar waren. Die verbleibenden 232 Schülerinnen und Schüler (31 Prozent) nannten weitgehend die gleichen Protagonisten wie unsere Schülerinnen und Schüler: Am häufigsten Jesus, gefolgt von Mose, Noah, Petrus und weitere Jünger, Abraham, Johannes der Täufer, Maria und Josef. Nur ganz vereinzelt erwähnten sie Paulus, Stephanus, Ruth, Salomo, Simson, Jesaja.

Auch zu Beginn der achtziger Jahre spielte die Bibel in den Familien eine geringe Rolle. Mehrheitlich sagten die Jugendlichen, es sei ihrer Familie egal, ob sie sich mit der Bibel beschäftigen (223). Der lebensgeschichtliche Ort, wo die Befragten der Bibel begegnen, war die religiöse Unterweisung, speziell der Konfirmandenunterricht (für 65 Prozent), die Familie hingegen nur zu fünf Prozent (155, vgl. auch 211). Entsprechend selten ist die Lesehäufigkeit: „ziemlich oft" bzw. „regelmäßig" acht Prozent, „eigentlich nie" 39 Prozent. Infolgedessen verwundert wenig, dass die Jugendlichen die Bibel kaum als Buch einschätzen, das speziell für sie bestimmt wäre; „besonders wichtig" sei sie vielmehr für kranke Menschen (63 Prozent), Alte und Einsame, nicht aber für junge Menschen (4 Prozent) und zufriedene und glückliche Personen (3 Prozent) (125). – Deutlich niedriger als in unserer Stichprobe ist die Quote derer, die sich auch künftig mit der Bibel zu beschäftigen denken: sieben Prozent sagen „mehr als jetzt", 29 Prozent „nicht anders als jetzt", aber knapp die Hälfte „weiß es noch nicht".

Resümierend hält *Bröking-Bortfeldt* (1984, 310) fest, die Bibel habe für die 13- bis 16jährigen Schüler keine umfassende Relevanz für ihre Wirklichkeitsdeutung und ihr Leben. Als mögliche Anknüpfungspunkte machte er aber die biblisch-religiösen Motive „Frieden, Gerechtigkeit und Befreiung" aus; bei diesen könnte am ehesten Korrelation eintreten, wofür auch der starke Wunsch nach einem Bibelunterricht spreche, in dem deren Texte auf heutige Probleme bezogen werden (235).

3. Die Replikation von Berg

Im Frühjahr 1989 wiederholte Horst Klaus Berg (1989; 1993) partiell die Studie von *Bröking-Bortfeldt* (1984), indem er im Raum Weingarten und Ravensburg „etwa 1150" Schülerinnen und Schüler der Sekundarstufe I elf der 49 Items vorlegte. Flankierend erfolgte eine Befragung von fast 3000 Berufsschülerinnen und Berufsschülern an den verschiedensten Schultypen. Die Ergebnisse, statistisch deskriptiv und (leider) nicht inferenz-statistisch aufbereitet, würden jenen von *Bröking-Bortfeldt* (1984) „größtenteils ... entsprechen" (*Berg* 1989, 95). Ins Auge springen insbesondere die altersmäßigen Trends, was einen Vergleich mit unseren in der Grundschule erhobenen Daten schwierig macht.

Die Relevanz der Bibel nimmt mit steigender Jahrgangsstufe drastisch ab (von 50 Prozent auf 13 Prozent). Dass die Bibel beeindruckende *Geschichten* erzähle, bejahten zwei Drittel der Jüngsten, aber bloß 37 Prozent der Ältesten. Konkret genannt wurde am häufigsten das *Gleichnis* vom Verlorenen Sohn, sodann die *Exodus*-Tradition, die *Geburtsgeschichte*, *Schöpfungstexte*, *Heilungswunder*, die Beispielgeschichte vom *Barmherzigen Samariter* sowie Zachäus. Als beeindruckende biblische *Gestalten* wurden Jesus, David und Mose am häufigsten genannt, gefolgt von Paulus und Abraham. Mehrfach aufgelistet wurden auch Elia, Salomo, Maria und Josef, Petrus, Maria aus Magdala, der Erzvater Josef (*Berg* 1993, 17).

Mit unseren Ergebnissen bestehen Konvergenzen und Divergenzen. Mose, in unserer Stichprobe von der Hälfte spontan genannt und am zweithäufigsten zu den Lieblingsgeschichten gerechnet, ist in der Tat eine der am stärksten beeindruckenden biblischen Gestalten. Auch die Geschichten, denen häufig attestiert wurde, beeindruckend zu sein, sind überwiegend die gleichen: *Exodus*, *Kindheitsgeschich*te, das *Gleichnis* vom Verlorenen Sohn, wobei leider nicht ersichtlich wird, wie häufig sie in *Berg*s (1993) Stichprobe genannt wurden. Divergent ist jedoch, dass in der Sekundarstufe 1 die *Sintflutgeschichte*, von den Grundschülerinnen und –schülern am zweithäufigsten genannt, wie weggespült ist. Umgekehrt verhält es sich bei Paulus, der für die jüngeren Schülerinnen und Schüler, wohl curricular bedingt, unbekannt scheint.

Die Grundschülerinnen und -schüler gaben seltener an, nie in der (Kinder-)Bibel zu lesen als die Sekundarschülerinnen und -schüler: 50 Prozent. Zwar sind es auch bei den Schülerinnen und Schülern der Jahrgangsstufe 5 „nur" 48 Prozent; aber die Quote steigt kontinuierlich und steil an und erreicht in der zehnten Jahrgangsstufe 88 Prozent. Der Anteil der regelmäßigen Bibelleserinnen und −leser sinkt im gleichen Zeitraum von 18 Prozent auf null. Gleichzeitig fällt auch die Zustimmung zum Item, im Religionsunterricht sollte man sich ausführlicher mit der Bibel beschäftigen, um sie kennen zu lernen, von 54 Prozent auf 13 Prozent. Synchron scheint mit dem Alter auch der biblische Wissensstand zu sinken. Mit steigendem Alter nimmt jedoch die Zustimmung zu einem Religionsunterricht zu, der sich mit aktuellen Problemen beschäftigt und dabei auch auf die Bibel zurückgreift.

Insgesamt bestätigt sich der enorme Effekt, den das (Jugend-)Alter auf die Einstellung gegenüber der Bibel hat. Dieser ist auch hinsichtlich der Einstellung gegenüber zentralen christlichen Glaubensinhalten sowie der Selbsteinschätzung als religiös und gläubig wiederholt nachgewiesen worden: Beide schwinden mit dem Alter enorm. (*Bucher* 1996; *Bucher* 2000, 131 f.)

Dies ist ein Indiz dafür, dass Religiosität, Gläubigkeit und Kirchlichkeit mit der Einstellung zur Bibel signifikant korrelieren.

Auch die Studie von *Berg* (1993) verweist auf das entscheidende Problem, biblische Inhalte mit der Lebenswirklichkeit heutiger Schülerinnen und Schüler zu korrelieren. Zwar konstatierte auch er eine hohe Sensibilität der Jugendlichen für die Themen des konziliaren Prozesses „Frieden, Gerechtigkeit, Bewahrung der Schöpfung" – auch im Lichte der Bibel (*Berg* 1993, 19). Dennoch sagt nur eine verschwindende Minderheit von acht Prozent, die Bibel sei für „junge Menschen" wichtig; dies sei sie vielmehr für alte, einsame und kranke Menschen, nicht aber für fröhliche und zufriedene. Offensichtlich haftet der Bibel der Nimbus an, speziell in negativen Kontingenzsituationen relevant zu sein, in Zeiten der Trauer, Tränen und Klage, nicht aber in Stunden der Freude und des Jubels, unbeschadet ihres häufigen Halleluja. Das „Menschliche" an diesem Buch, das gerade darin besteht, dass sie *beides* zur Sprache bringt – ganz im Sinne von Koh 3,4: „Es ist eine Zeit zum Weinen und eine Zeit zum Lachen", wird kaum wahrgenommen. Dies ist gewiss auch durch eine freudlose, moralinsaure Bibelverkündigung mit verursacht, die Texte wie das Hohelied ausblendet, dafür aber – so in der Bibelkatechese des Bistums Basel noch in den sechziger Jahren des letzten Jahrhunderts – anmahnte: „Denke oft und dankbar an das bittere Leiden und Sterben Jesu! ... Denn, das ist ganz sicher: auch deine Sünden hat der liebe Heiland damals schon gesehen, und er hat für *dich* gelitten" (*Religionsbuch* o. J, 267).

Demgegenüber wäre es wünschenswert, wenn die Bibel auch mit Freude in Verbindung gebracht wird, mit Jubel und Lust (*Haag* & *Elliger* 1986).

4. Die Bibel im Religionsunterricht

Die gemäß unserer Studie unerwartet hohe Akzeptanz der Bibel bei den Grundschülerinnen und -schülern wird auch von den Religionslehrerinnen und -lehrern in Bayern wahrgenommen, die von *Schmid* (1998, 7) befragt wurden. Anthropologisch-problemorientierte Themen gelängen im Religionsunterricht weniger gut als jene, die sich in narrative Zusammenhänge überführen lassen, speziell biblische Themen wie „Jesus begegnen", „Die Bibel erzählt von Gott und von den Menschen". Von daher versteht sich, dass Religionslehrerinnen und -lehrer der Grundschule, von *Englert* & *Güth* (1999, 105, 182) befragt, es zu 46 Prozent als „sehr wichtig" einschätzen, „lebendig erzählen zu können", und weitere 40 Prozent als „wichtig".

Auch in der von der Deutschen Bischofskonferenz in Auftrag gegebenen Evaluationsstudie des Religionsunterrichts von *Bucher* (2000, 45) zeigte sich, dass Grundschülerinnen und -schüler (N = 1454), in Bayern ebenso wie in der norddeutschen Tiefebene, das Hören biblischer Geschichten mehrheitlich beglückend finden (74 Prozent), und nur zu acht Prozent mit einem traurigen Gesicht verbinden. Lektüre im Religionsbuch, Schreiben, und selbst die rege propagierten Stilleübungen sind dem gegenüber deutlich weniger beliebt. Allerdings schwindet die Akzeptanz biblischer Themen mit dem Alter ebenso massiv wie gemäß den Studien von *Bröking-Bortfeldt* (1984) und *Berg* (1989): Schon in der Grundschule sinkt der Anteil derer, die das Hören biblischer Geschichten mit dem glücklichsten Gesicht assoziieren, von 63 Prozent bei den Achtjährigen auf 39 Prozent bei den Zehnjährigen. Dieser Trend setzt sich in der Sekundarstufe 1 fort:

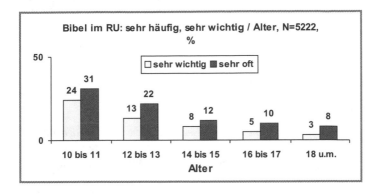

Bedingt ist dies auch durch einen Bibelunterricht, der als langweilig erlebt wird, so von einer fünfzehnjährigen Gesamtschülerin:

◎ Es ist so langweilig, wir machen immer dasselbe. Bibel lesen, reden, Bibel lesen, reden, Bibel lesen, reden. Es ist jede Woche das gleiche, so niveaulos. (aus *Bucher* 2000, 27)

Allerdings gibt es auch, zwar seltener, Schülerinnen und Schüler, die es bedauern, wenn die Bibel zu selten Thema ist, zumal solche, die die Arbeit mit ihr als spannend und lebensrelevant empfanden:

◎ Ich finde es nicht so gut, dass wir in der letzten Zeit so wenig mit der Bibel gearbeitet haben (ebd. 86).

5. *Entwicklungspsychologische Studien*

Relevant für die Einstellung gegenüber der Bibel sind auch die stärker entwicklungspsychologisch akzentuierten Studien zum Verständnis literarischer Gattungen, speziell Parabeln, Allegorien und Mythen (Überblick *Hyde* 1990, 116–133; *Bucher* 1999). Zweifel an der Schrift können – zumal im Ausgang der Kindheit

– dann virulent werden, wenn Texte wie Gen 1 ff. nach wie vor wortwörtlich verstanden und als „unmöglich" abgelehnt werden.

◆ Bei ihren Interviews, die sie mit insgesamt 67 Jugendlichen zu ihrer religiösen Einstellung durchführten, hörten *Day* & *May* (1991, 115 f.) auch:

◉ Some things I believe and some things I don't like. I'm not sure about Adam and Eve. Like they had only two sons, so how come all the people in the world?

Aufgrund solcher Äußerungen konstatieren sie:

„Our young people did not seem to have developed a biblical perspective nor to possess the knowledge of the text or the skill which would permit them to apply the Bible to a real-life problem" (ebd. 113).

Dafür erforderlich sei die Kompetenz, biblische Texte gattungsgemäß zu verstehen, Gleichnisse als Gleichnisse, Gen 1 ff. „theologisch" und nicht wortwörtlich. Auch in unserer Studie hat sich gezeigt, dass die meisten Kinder, die der Meinung waren, sogar ihre Lieblingsgeschichte habe nichts mit ihrem Leben zu tun, dies typischerweise so begründeten:

◆ Die Geschichte sei früher passiert.

◆ Sie hätten noch nie einen brennenden Dornbusch gesehen.

◆ Ihr Vater sei nicht der Abraham.

◆ Sie seien nicht nach Ägypten abgehauen.

Offensichtlich verstehen sie ihre Lieblingsgeschichte wortwörtlich, als konkretes, zeitlich länger zurückliegendes Ereignis, das sich nicht auf heutige Erfahrungen übertragen lasse. Dazu wäre es erforderlich, ein der jeweiligen Geschichte sowie aktuellen Lebenserfahrungen Gemeinsames zu abstrahieren. Sie müssten lernen, biblische Geschichten nicht nur konkret wortwörtlich, sondern als übertragbar oder *symbolisch* zu verstehen.

Von wann an dies möglich sei, wurde vielfältig untersucht, in der Tradition von *Goldman* (1964; kritisch *Slee* 1988) bevorzugt anhand Ex 3,1–6 (brennender Dornbusch).

♦ *Van Bunnen* (1964) stellte fest, Vorschulkinder sähen in den Flammen eine physische und magische Bedrohung; erst die Zehn- bis Zwölfjährigen vermöchten ihren symbolischen Gehalt (valeur symbolique) zu erkennen. Dass biblische Gattungen wie Gleichnisse erst an der Schwelle, ja erst nach Erreichen der formaloperatorischen Intelligenz im Sinne Piagets *als* Gleichnisse verstanden werden können, ist mittlerweile gut abgesichert (*Bucher* 1990; *Mette* 1994; *Grom* 2000, 250) und wird auch durch Befunde der „profanen" Psycholinguistik erhärtet, wonach sich jüngere Schulkinder auf einer „literal stage" befinden und großen Wert auf Realismus legen (*Gardner* et al. 1978, 13). Dafür spricht auch ein von *Bucher* (2000 a) durchgeführtes Experiment, in dem Schulkinder gebeten wurden, aus zehn unterschiedlichen bildnerischen Darstellungen der Arche Noah jene auszuwählen, die sie am liebsten in einer Kinderbibel hätten. Am häufigsten entschieden sie sich für *Die große Kinderbibel* (1976, 20), in der die Arche realistisch gezeichnet ist, groß genug, dass auch Giraffen in ihr Platz haben, was die Kinder in ihren Begründungen als sehr wichtig einschätzten. Dass Kinder realistische Bibelillustrationen präferieren, fanden auch *Büttner* & *Rupp* (1998): Das Jesusbild von Relindis Agethen aus dem Religionsbuch für das 2. Schuljahr von Halbfas wurde mehrheitlich abgelehnt, weil es neben dem großäugigen Jesus auch Kinder mit Kopfhörern zeigt, die es damals noch gar nicht gegeben habe.

♦ Noch später setzte die Fähigkeit zu einem gattungsgemäßen Verstehen biblischer Texte *Peatling* (1974, 59) an: „Thematic analyses and an adult-level appreciation of the ‚meaning' of legend, symbol or miracle story, seem to be most likely *only* during grade-levels 10–12", also kaum vor dem sechzehnten Lebensjahr. Erst Jugendliche – halten auch *Gardner* et al. (1978, 25) fest – seien wirklich in der Lage „to control the resources of figurative language".

Die Kompetenz, biblische Erzählungen gattungsgemäß zu rezipieren, ist zwar die Voraussetzung dafür, sie auch in einem naturwissenschaftlich dominierten Weltbild für plausibel zu halten; aber dennoch verbürgt sie nicht zwingend, dass Heranwachsende ihr Lebensrelevanz attestieren:

- Bereits *Greer* (1972, 109), in seinen Interviews zum Verständnis der Schöpfungs- und Paradiesgeschichte, die er mit Sechs- bis Siebzehnjährigen durchführte, fand:

  „There is a strong impression that a number of children who achieved some understanding of the symbolic meaning of the Genesis stories did not believe that this meaning had any relevance for themselves."

- Ebenfalls *Hoge* & *Petrillo* (1978): Stärker abstraktes religiöses Denken gehe nicht nur mit mehr „religious rejection" einher, sondern korreliere auch mit Kirchen- und Bibelkritik.

- Auch *Tamminen* (1993, 160 f.) fand, dass die Zunahme von nichtbuchstäblichem Verstehen biblischer Geschichten mit einem verblüffend parallelen Anstieg an Ablehnung derselben als „unglaubwürdig" einherging. Wer biblische Geschichten nicht (mehr) wortwörtlich auffasst, neigt infolgedessen dazu, sie für unglaubwürdig, märchenhaft oder – im abwertenden Sinn – als „nur symbolisch" = „nicht wirklich" aufzufassen.

Infolgedessen kann sich die Förderung des Verständnisses biblischer Texte nicht auf die Stimulierung literarischer Kompetenz – speziell für das Gattungsverständnis – beschränken. Vielmehr müsste diese in ein breites Spektrum von religiöser Aktivität eingebettet sein, zeigten doch verschiedene Studien, dass solches Handeln mit einem „spirituellen Bibelverständnis" (Grom 2000, 250) positiv korreliert. Damit sind wir bereits bei den abschließenden bibeldidaktischen Konsequenzen.

Bibeldidaktische Konsequenzen

1. Bibeldidaktische Intentionen offen legen

Aus empirischen Ergebnissen können niemals unvermittelt normative didaktische Konsequenzen gezogen werden. Der Umstand beispielsweise, dass nicht einmal jedes dritte Kind der Meinung ist, seine Lieblingsgeschichte habe etwas mit seinem eigenen Leben zu tun, rechtfertigt nicht den Schluss, das Anliegen, biblische Texte sollten als lebensrelevant erfahren werden, zu relativieren oder als religionspädagogischen Glücksfall zu sehen, zu dessen Eintreten nur wenig beigetragen werden könne. Ebenso gut ließe sich argumentieren, gerade weil nur so wenig Kinder der Bibel Lebensrelevanz attestieren, müssen entsprechende Bemühungen intensiviert werden.

Wer aus einer empirischen Studie wie dieser Schlussfolgerungen zur Bibeldidaktik zieht, sollte sein normatives Vorverständnis offen legen. Denn dieses fließt latent in die Interpretation der Daten ein, beispielsweise in Formulierungen wie: „*Nur* jedes dritte Kind bezieht seine biblische Lieblingsgeschichte auf sein Leben", oder: „Immerhin 13 Prozent der Eltern erzählen zumindest monatlich aus der Bibel". Hinter der ersten Formulierung steht das Bedauern über die so oft ausbleibende Korrelation, und hinter der zweiten die stillschweigende Wertschätzung, wenn Eltern Kindern (biblische) Geschichten erzählen.

Normativ sind für uns mindestens drei Anliegen:

> Schulische Bibeldidaktik soll Schülerinnen und Schüler ermutigen, sich elementare biblische Kenntnisse anzueignen und eine Grundstruktur der biblischen Heilsgeschichte aufzubauen, vom Bekenntnis der Schöpfung bis zu den eschatologischen Verheißungen.

Dass dies notwendig ist, zeigt folgende Nacherzählung der Passionsgeschichte:

Die Kreuzigung
Eines Tages schickte Jesus einen Jünger zu den Menschen in die Stadt. Er sagte zu den Menschen: „Ihr sollt eure Türe mit blut bemalen, wer das nicht macht der kommt an das Kreuz." Die Leute fragten sich woher sie das Blut nehmen sollen. Eine Familie hat das nicht gemacht. Da kam der jüngste in der Familie an das Kreuz. Die Leute standen um das Kreuz und schriehen: „Rann mit ihm an das Kreutz." 100 Mal. Da nahmen die Leute das Kreuz auf den Rücken. Andere Leute nagelten ihn an das Kreuz. Die ganze Familie musste das mitansehen. Alle von der Familie weinten sehr starck. Die Familie ging wieder nach Hause.
Ende.

Offensichtlich wird von dem Erzähler die Passion mit Motiven der Zehnten Plage in Ägypten vermischt.

> Bibeldidaktik soll Schülerinnen und Schülern Hilfestellungen geben, dass sie biblische Motive und Geschichten dergestalt auf ihr Leben beziehen, dass sie Orientierungshilfen bekommen, sich in eschatologischer Hoffnung aufgehoben wissen und ermutigt werden, in ihrem Geiste zu handeln.

Dass dies auch im Elementarbereich eintreten kann, zeigt das Beispiel eines Fünfjährigen, dessen Familie sich in einem neuen Quartier ansiedelte. In diesem verbrachten etliche Jungen, um ein bis zwei Jahre älter und stärker, gemeinsam ihre Freizeit. Der zugereiste Junge wünschte Anschluss, wurde aber abgewiesen und erlebte sich als klein und schwach. In dieser Zeit wollte er wiederholt die Geschichte von David und Goliath hören, die offensichtlich seine Hoffnung nährte, als Kleiner auch einmal über die Großen zu dominieren.

> Bibeldidaktik soll den Kindern Freude bereiten.

Dieses Anliegen ergibt sich einerseits aus theologischen Gründen, versteht sich doch die Bibel auch als Frohbotschaft. Andererseits gilt es festzuhalten, dass viele Schülerinnen und Schüler die Schrift mit dem Gegenteil assoziieren, mit Langeweile und Monotonie, aber auch – früher zwar häufiger – mit Angst und Drohungen (*Stein* 1994). Freilich, solche werden in der Bibel massiv ausgesprochen: „Und wenn ihr mir zuwider handelt . . ., so will ich euch noch weiter schlagen, siebenfältig, um eurer Sünden willen. Und ich will wilde Tiere unter euch senden, die sollen eure Kinder fressen . . ." (Lev 26,21 f.). *Buggle* (1992, 386) sah sich um der Psychohygiene der Schülerinnen und Schüler willen zur Forderung veranlasst, die Bibel auf den Index jugendgefährdender Bücher zu setzen. In der Tat können Geschichten wie Gen 22 (Opferung Isaaks), 1 Kön 14 (um Jerobeam zu bestrafen, lässt Gott dessen Sohn Abija sterben) oder 1 Kön 18 (alle Baalspriester werden auf Veranlassung von Elija erschlagen) archaisch-primitive Vorstellungen von Gott wecken oder solche festigen.

Unsere Studie hat gezeigt, dass solche mörderischen Bibelpassagen den Kindern weitgehend unbekannt sind. Offensichtlich wurde und wird ihnen die Bibel selektiv vermittelt, indem die Botschaft vom liebenswürdigen und freundlichen Gott akzentuiert (vgl. *Hanisch* 1996, 96 f.), die dämonischen und bluttriefenden Passagen jedoch „glattgestellt" werden (*Buggle* 1992, 395). Der Bibel als ganzer gegenüber ist dies nicht redlich, und es bleibt das Problem, wie bibeldidaktisch mit den Zorn- und Drohreden, den Kollektivstrafen („Gott . . . sucht die Missetat der Väter heim an Kindern und Kindeskindern bis ins dritte und vierte Glied" [Ex 34,7]) umzugehen ist.

2. Biblische Geschichten spannend und wohl geformt erzählen

Seit jeher hören Kinder gern Geschichten, auch biblische. Bedingt ist dies auch entwicklungspsychologisch: *Fowler* (1991, 166 f.) hat herausgestellt, wie wichtig *stories* für Kinder sind. In der Phase des mythisch-wortwörtlichen Glaubens tendieren sie dazu, ihre lebensrelevanten Erfahrungen und Sinnkonzepte narrativ zu repräsentieren. Wie erfreulich biblische Geschichten sein können, erzählt in seiner Autobiographie Christoph Schmid, ein Theologe in der ersten Hälfte des 20. Jahrhunderts:

> *„Durch die einfachen biblischen Geschichten gewann ich Gott, den Vater im Himmel, lieb und empfand kindliche Ehrfurcht gegen ihn. Ich wurde, wie ich mich noch wohl erinnere, ganz in das Paradies der ersten Eltern, in die Hütten der Patriarchen, in die Wüste, wo Moses die Schafe hütete, auf die Felder, wo die fromme Ruth Ähren las, in die arme Wohnung des gottesfürchtigen Tobias versetzt. Diese Erzählungen waren mir heilige Idyllen, die mich mehr ansprachen als jene Idyllen, die ich in späteren Jahren wohl mit Vergnügen las, die mir aber keinen ganz reinen Genuss gewährten, weil sie uns in ein heidnisches Zeitalter versetzten."* (aus Weigl 1914, 59)

Von daher sollten Kindern weiterhin biblische Geschichten erzählt werden, und zwar im Sinne ihrer am häufigsten artikulierten Erwartung an weitere biblische Geschichten:

Sie mögen spannend sein.

Theologisch könnte man zwar einwenden, Spannung sei in keiner Weise heilsrelevant. Andererseits erzählt die Bibel vielfach selber höchst spannend, so in Gen 22,1 f., wo in nur zwei Versen ein Spannungsbogen geschlagen wird, aus dem Hörerinnen und Hörer nicht mehr heraus können, weil sie wissen wollen, ob der Junge als „Brandopfer" endet oder nicht. Der biblische Erzähler hat damit die so genannte *story grammar* beherzigt, die Grammatik einer wohl geformten Geschichte (*Hoppe-Graff* 1984; *Stein &* *Glenn* 1979). Diese besteht darin, dass zunächst das *setting* entfaltet, alsdann zügig das Thema genannt und anschließend der *plot* (die kohärente Verknüpfung der einzelnen Episoden) ausgebreitet wird, der in die Lösung (*resolution*) einmündet.

Biblische Nacherzählungen ergehen sich oft in blumigen und weitschweifigen Schilderungen des

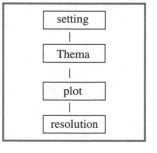

settings, anstatt zügig zum Thema zu kommen und einen Spannungsbogen aufzubauen. So der Beginn der Nacherzählung von Mk 8,27–30 (Messiasbekenntnis des Petrus) von *Laubi* (1988, 121), in der weitschweifig eine Schmiede geschildert wird:

> „*Als Simon in die Gasse biegt, hört er schon die regelmäßigen Schläge aus der Werkstatt. Simon betritt den Hof. Die Schmiede befindet sich hinter dem Wohnhaus. Sie ist überdacht, aber gegen den Hof hin offen. Trotzdem ist der Raum erfüllt mit dem Geruch des starken Holzkohlenfeuers und dem Rauch, der aus dem Schmelztiegel aufsteigt ...*"

In gleicher Manier geht es noch fünfmal so weiter, bis der Erzähler zum Thema kommt: Simon will ein Schwert kaufen. Warum? Wird er es kriegen? Wird dieser Text vorgelesen, verstreichen mehr als vier Minuten, ohne dass Spannung aufkommt.

Wenn biblischen Geschichten Heilsrelevanz attestiert wird, ist Spannung, sofern sie Menschen in diese verstrickt und zu Mittäterinnen und Mittätern werden lässt, theologisch höchst relevant.

Wie biblische Geschichten erzählt werden sollen, demonstrieren etliche Kinder mit ihrer Nacherzählung ihrer Lieblingsgeschichte beispielhaft:

Wie Jesus in der Wüste versucht wurde.
Jesus wanderte 40 Tage lang in der Wüste, da traf er den Satan. Der Satan wollte Jesus in versuchung bringen, und er fragte ihn 3 Fragen: Die Erste frage hieß: „Verwandle diesen Stein in Brot". Aber Jesus sagte: „Der Mensch lebt auch von Gottes Wort". Dann flog der Satan mit ihm auf den Tempel, und die zweite Frage hieß: „Spring von den Tempel und fliege hoch." Jesus aber sagte: „Gott ist für den Notfall da, und das ist kein Notfall." Die Letzte frage hieß: „Bete mich an, und nicht Gott." Jesus sagte: „Hau ab!" Und der Satan ging.

Obschon es nicht ganz korrekt ist, dass es sich dabei um Fragen handelte, und obwohl die Versuchung, alle Länder zu besitzen, nicht geschildert wird, ist diese (schriftliche) Nacherzählung ausgesprochen gelungen, insbesondere in folgender Hinsicht:

• Der Schüler verzichtet auf ausschmückende Adjektive, für die oft mit dem Argument geworben wird, die Anschaulichkeit zu erhöhen (dazu *Tschirch* 1995, 81 f.). Faktisch sind solche Ausschmückungen oft nicht nötig – beispielsweise dass es in der Nacht „dunkel" ist (*de Vries* 1962, 153); darüber hinaus sind sie zumeist auch Interpretationen, die „theologisch verantwortet werden müssen" (*Tschirch* 1995, 83), beispielsweise dass der Pharao, von Mose und Aaron besucht, „stolz und hochmütig" war (*de Vries* 1962, 66).

• Ferner verzichtet der Schüler auf Psychologisierungen; er lässt offen, wie sich Jesus in der Wüste gefühlt haben könnte – *Baudler* (1986, 106) zufolge „geborgen und zuhause, wie damals im Tempel in Jerusalem, als seine Eltern ihn gesucht hatten". Dieses Offenlassen ermöglicht, dass Hörerinnen und Hörer die für sie stimmigen Emotionen in die handelnden Personen hineinlegen können.

• Der Schüler erzählt knapp und karg, indem er die wesentlichen Episoden aneinander reiht; hervorzuheben ist auch das Überwiegen der Verben, die Aktivität ist im Mittelpunkt.

• Und nicht zuletzt verwendet er direkte Rede, die der indirekten vorzuziehen ist.

3. Mehrperspektivische Erschließung biblischer Erzählungen

Das spannende, packende, dramaturgische Erzählen, das wir im vorangegangenen Abschnitt skizziert haben, ist ein wichtiger Gesichtspunkt bei der narrativen Weitergabe der biblischen Tradition. Denn damit wird die emotionale Basis geschaffen, an die sich eine intensive Beschäftigung mit dem Erzählten anzuschließen hat, deren Ziel es ist, die oben genannten bibeldidaktischen Forderungen (vgl. Abschnitt 8.1) einzulösen. Im Einzelnen bedeutet dies,

dass der Erzählstoff mehrperspektivisch zu entfalten ist, um Kindern die Möglichkeit zu geben, sich die erzählten biblischen Geschichten als relevant für sich und ihr Leben anzueignen.

Dabei darf nicht übersehen werden, dass dies nur dann sinnvoll geschehen kann, wenn sie zugleich zu einem grundlegenden theologischen Verständnis des Gehörten gelangen. Im Folgenden gehen wir auf *drei Perspektiven* ein, die in engem Zusammenhang mit den Ergebnissen unserer Untersuchung stehen. Das bedeutet zugleich, dass es nicht unsere Absicht ist, eine zusammenfassende Bibeldidaktik zu entwerfen, wohl aber einige offenkundige Defizite zu korrigieren.

Dazu gehören:

♦ Den Inhalt der Erzählung sichern

Damit sich Kinder biblische Geschichten dauerhaft einprägen können, kommt es darauf an, den Inhalt der Erzählungen zu sichern. Daher sollten die Schülerinnen und Schüler im Unterricht die Möglichkeit erhalten, das Gehörte inhaltlich wiederzugeben. Dabei kann es nicht nur darum gehen, die Kinder aufzufordern, die Geschichte mit eigenen Worten zu wiederholen. Vielmehr ist es wichtig, ihnen vielfältige Formen des Umgangs mit der erzählten biblischen Geschichte anzubieten, um so Aneignungsprozesse zu erleichtern.

- das *szenische Nachspielen*, wobei es hilfreich ist, auf einfache Requisiten zurückzugreifen, um ein hohes Maß an Anschaulichkeit zu erreichen.

- die *musikalische Nachgestaltung* mit Orffschen oder selbst gebauten Instrumenten. Dialoge können in Klänge umgesetzt werden. Stimmungen (z. B. Steigerung und Abfallen der Spannung) können durch klangliche Untermalung ausgedrückt werden usw.

- die *bildhafte Nachgestaltung* durch das „Westentaschentheater". Die Handlungsträger werden von den Kindern aus Papier gerissen und auf den Tageslichtprojektor gelegt. Anhand dieser Figuren wird die Geschichte nacherzählt.

- die *grafische Nachgestaltung* des Handlungsverlaufs an der Tafel. Sie wird im Unterrichtsgespräch mit den Kindern gemeinsam entwickelt.

- die *Rekonstruktion der Geschichte* anhand vorgegebener Bildgeschichten. Einzelnen Bildern können die Kinder bestimmte Erzählpassagen zuordnen.

- das *adressatenbezogene Erzählen.* Wenn Kinder angeben, wie unsere Untersuchung gezeigt hat, dass sie vor allem ihren Eltern oder anderen Familienangehörigen bestimmte Geschichten erzählen würden, dann kann dies im Unterricht eingeübt werden.

- das Zusammenstellen eines *Erzählbuches,* in dem die Kinder bestimmte biblische Geschichten schriftlich wiedergeben. Denkbar ist es dabei, dass alle Kinder einer Klasse oder Lerngruppe die gleiche Geschichte erzählen. Günstig wird es sein, dieses Erzählbuch von den Kindern illustrieren zu lassen. Fotokopiert kann es als Geschenk für jüngere Geschwister oder die Eltern gedacht sein.

Weitere Anregungen zur Sicherung und Aneignung des Erzählten finden sich in den einschlägigen methodischen Kompendien und religionspädagogischen Arbeitsbüchern (z. B. *Kurz* [3]1992; *Haas* & *Bätz* 1984; *Adam* & *Lachmann* 1993). Grundsätzlich ist es möglich, ein und die selbe Geschichte mit unterschiedlichen methodischen Zugriffen zu erfassen, ohne dass dabei befürchtet werden müsste, dies könnte den Kindern langweilig werden.

Vielfältige Arbeitsformen gewährleisten lernpsychologisch, dass verschiedene „Eingangskanäle" angesprochen werden, die unterschiedlichen Lerntypen entsprechen (*Vester* 1975).

Durch die vorgeschlagenen methodischen Möglichkeiten soll erreicht werden, dass Kinder in der Lage sind, viele biblische Geschichten, die ihnen im Unterricht und anderswo begegnen, nicht nur zu nennen, sondern zugleich auch weitergeben zu können. Wenn ihnen ihre erzählerische Kompetenz bewusst wird, dann ist anzunehmen, dass sie Freude am Erzählen finden und vielleicht von sich aus den narrativen Schatz der Bibel tradieren.

◆ Theologische Erschließung der Erzählung

Von zentraler Bedeutung ist die theologische Erschließung der erzählten Geschichte. Im Sinne *Klafkis* (1963; 1980, [3]1993) ist danach zu fragen, was an der biblischen Erzählung exemplarisch zu lernen ist. Dabei kann es nicht das Ziel sein, Grundschülerinnen und Grundschülern umfassende Theologien anzubieten, wohl aber können einzelne theologische Aspekte der erzählten biblischen Geschichte von den Kindern im Unterricht entdeckt werden, die ihnen helfen, im Laufe der Entwicklung nach und nach zu zusammenhängenden theologischen Vorstellungen und Einsichten zu gelangen.

- In Hinblick auf das *Gleichnis vom verlorenen Schaf* sollte langfristig deutlich werden, dass es letztlich Gott ist, der in seiner grenzenlosen Barmherzigkeit dem sich von ihm abgewandten Menschen nachgeht und sich über alle diejenigen freut, die sich von ihm finden lassen.

- Im Zusammenhang mit den *Heilungswundern* Jesu kann von den Schülerinnen und Schülern in Ansätzen herausgefunden werden, dass es sich dabei nicht um irgendwelche Mirakel handelt, die die Naturgesetze außer Kraft setzen, sondern dass die Heilungswunder Jesu gleichsam als Fenster verstanden werden können, durch die beispielhaft erkannt werden kann, was es mit dem Reich Gottes für eine Bewandtnis hat.

- Bei dem priesterlichen *Schöpfungsbericht* kommt es u. a. darauf an, dass es sich bei diesem Text angesichts drohender religiöser Überfremdung in Babylon um ein Bekenntnis zu Gott handelt, das für den Glauben von Juden wie von Christen bis zum heutigen Tag heilsgeschichtlich bedeutsam ist (vgl. dazu *Hanisch* u. a. 2001a). Kurzum: Bei jeder biblischen Erzählung sollte danach gefragt werden, was an ihr theologisch zu lernen ist.

Ein Missverständnis wäre es, wenn aus dem Gesagten der Schluss gezogen würde, den Kindern seien dogmatische Lehrsätze zu vermitteln, die für sie aufgrund ihrer Abstraktheit weitgehend bedeutungslos bleiben. Vielmehr kommt es darauf an, die Schülerinnen und Schüler analog zum Philosophieren mit Kindern (vgl. z. B. *Lipman* & *Sharp* 1978; *Matthews* 1990; *Freese* [4]1992; *Martens* & *Schreier* 1994; *Engelbrecht* 1997) im Zusammenhang mit erzählten biblischen Geschichten zu theologischem Nachdenken anzuregen (*Hanisch* 2001b). Wer sich darauf einlässt, wird die Erfahrung machen, dass Kinder zu erstaunlichen theologischen Leistungen in der Lage sind. Auf welch hohem Niveau Kinder bereits in der Grundschule auf ihre Weise theologisch zu denken vermögen, geht aus dem folgenden Interviewausschnitt (aus einer anderen Studie) hervor. Katrin, ein Mädchen aus einem vierten Schuljahr, stellt im Anschluss an ein Bild, in dem sie Gott als Taube malte, folgende Überlegungen an:

I: So. Dann wollen wir uns das Bild von Gott anschauen, das du gemalt hast. Erzähl' bitte was dazu.

Katrin: Naja, Gott kann . . . ist eigentlich mehr oder weniger alles. . . .. Aber in der Taube, da ist mehr oder weniger alles im Verhalten da drin. Weil, die Taube ist leise, kann fliegen. Eigentlich ist die Friedensüberbringer, also das ist ja auch bei der Arche Noah so. Da wird sie los geschickt und nicht irgend ein anderes Tier. Nicht irgendein schneller Fisch oder so was, sondern sie, und hat dann auch das Land gefunden.

. . . I: Hattest du früher, als du kleiner warst, eine andere Vorstellung von Gott?

Katrin: Da habe ich gedacht, Gott ist irgendwie einfach da. Er ist da. Da dachte ich immer, das ist wie so ein unsichtbarer Himmel, wo er ist. Also, unter uns, immer überall, habe ich immer gedacht, und ich wüsste eigentlich nicht, womit man das vergleichen kann. Das ist einer, der immer da ist, habe ich immer gesagt,

I: Denkst du jetzt anders über Gott?

Katrin: Nö, eigentlich nicht viel, aber ich kann ihn jetzt mit etwas vergleichen. Früher konnte ich das nicht. Da wusste ich immer nicht, wie ich das machen soll. (aus: *Arnold* & *Hanisch* & *Orth* 1997)

Von sich aus gelangt Katrin zu der theologisch bedeutsamen Erkenntnis, dass man von Gott nur in Analogien oder Vergleichen, wie sie sich ausdrückt, reden kann. Sie findet im Verlauf des Interviews mehrere solche Analogien, durch die sich darüber Klarheit verschafft, womit Gott verglichen werden und wie sie über Gott reden kann.

Wie Kinder zu theologischen Einsichten geführt werden können, darüber gibt nicht zuletzt auch das Buch von *Hull* „Wie Kinder über Gott reden!" (1997) Auskunft. Faszinierend ist bei den in dieser Publikation dokumentierten Gesprächen mit Kindern, die der Autor selbst führt, wie er sie bei ihren theologischen Bemühungen ernst nimmt, ihnen aber zugleich auch immer wieder behutsame Anregungen gibt, die sie in ihrem Denken zu neuen Einsichten führen. Gerade diese Art der Gesprächsführung erscheint beispielhaft für intensive theologische Gespräche mit Kindern auch im Religionsunterricht im Anschluss an biblische Erzählungen.

Durch das Theologisieren können Kinder erkennen, dass es sich lohnt, über biblische Geschichten nachzudenken. Nicht zuletzt kann ihnen dadurch bewusst werden, was an biblischen Erzählungen wichtig ist und wie sie inhaltlich zusammenhängen. Zugleich kann dadurch angebahnt werden, dass Schülerinnen und Schüler über ihren Glauben Auskunft geben können und auf diese Weise befähigt werden, mit Angehörigen anderer Religionsgemeinschaften in einen Dialog zu treten.

♦ Wechselseitige Erschließung

Eine wichtige Aufgabe des Religionsunterrichts besteht darin, den Kindern zu der Einsicht zu verhelfen, dass die biblischen Geschichten etwas mit ihnen selbst und mit ihrem Leben zu tun haben. Dabei geht es um die wechselseitige Erschließung der biblischen Botschaft und des Lebens der Kinder, die insofern eine wichtige religionspädagogische Aufgabe darstellt, als die Befragten mehrheitlich angaben, selbst ihre Lieblingsgeschichte habe nichts mit ihrem Leben zu tun.

Wie Schülerinnen und Schüler zu der Entdeckung gelangen können, dass biblische Geschichten für ihr Leben bedeutsam sind, wird beispielhaft in den Studien von *Baldermann* (z. B. 1991, [3]1993) deutlich. Daher ist es naheliegend, dass wir uns im Folgenden an den Ergebnissen seiner Forschungsarbeiten orientieren. Ihm kommt es darauf an, biblische Geschichten nicht als historische Texte zu verstehen und zu erzählen, die vor langer Zeit Bedeutung gehabt haben mögen – ein (Miss-)Verständnis, das sich auch bei vielen Kindern in unserer Untersuchung findet. Es geht ihm vielmehr darum, sie so zu thematisieren, dass sie heutigen Kindern etwas zu sagen haben. Dies ist nach *Baldermann* (1991, 13) insofern erreichbar, als Kindern „alles Menschliche zugänglich ist". Werden in biblischen Erzählungen menschliche Grunderfahrungen der Angst, der Trauer, des Leides, der Verfehlung, der Freude, der Liebe, der Befreiung oder der Hoffnung in den Vordergrund gerückt, dann werden Kinder keine Probleme damit haben, ihre eigenen entsprechenden Wahrnehmungen und Empfindungen an die Geschichten heran zu tragen und sie mit ihnen zu verbinden (1991, 29).

Um die Nähe biblischer Texte zu den Erfahrungen der Kinder zu gewährleisten, nimmt sich Baldermann die Freiheit, biblische Texte beim Erzählen so zu modifizieren, dass sie Kinder unmittelbar ansprechen. Als Beispiel sei das Gleichnis vom Barmherzigen Samariter erwähnt. Verstehensgrundlage dieses Textes ist für Baldermann, dass die Kinder nur etwas von den Schwierigkeiten kennen müssen, einander nahe zu kommen, und die Erfahrung der Fremdheit (vgl. 1991, 85). Bewusst verzichtet er auf die Beschäftigung mit dem neutestamentlichen Rahmen der Geschichte, und er versucht auch nicht zu erklären, was ein Samariter, ein Priester oder Levit sei. Denn solche Exkurse bergen für ihn die Gefahr, weitere Verstehensprobleme zu verursachen.

Daher ersetzt er den Samariter durch eine Figur, die bei den Kindern ähnliche starke Empfindungen wach ruft wie der Samariter in der Geschichte. Für ihn wird der Samariter zum „Ausländer". Der Priester wird zu einem wohlhabenden Mann und der Levit zu einem einfachen Menschen aus dem Volk. Aufgrund dieser Modifikationen gelangt Baldermann zu folgender Erzählung:

„Immer wieder hat Jesus selbst den Leuten Geschichten erzählt. Das waren Geschichten, über die sie noch lange nachgedacht haben, sie haben sie auch immer wieder weiter erzählt. Einmal erzählte er ihnen diese Geschichte.
Da ging ein Mensch von Jerusalem hinunter ins Tal nach Jericho. Das tut kaum jemand ohne Angst; es ist eine einsame Straße durch wilde Berge, und immer wieder erzählen die Leute von schlimmen Dingen, die auf dieser Straße passieren. Und so geschah es diesem Mann: Plötzlich war er umringt von Straßenräubern, die zogen ihn aus und nahmen ihm alles weg, was er hatte, dann schlugen sie ihn zusammen und ließen ihn halbtot da liegen. Nach einer Weile kam ein anderer dieselbe Straße herunter, man sah es ihm an: ein wohlhabender Mann. Der kam an die Stelle, wo der Verwundete lag, und als er ihn sah – da ging er vorüber. Wieder nach einer Weile kam ein anderer Mann, der nicht viel besaß. Er kam an die Stelle, wo der Verwundete lag, und als er ihn sah – da ging er vorüber. Wieder nach einer Weile kam noch ein Mann die Straße herunter, man sah es ihm an: ein Ausländer. Er kam an die Stelle, wo der Verwundete lag, und als er ihn sah – da jammerte es ihn, und er ging zu ihm, wusch ihm seine Wunden mit Wein und Öl, verband ihn, und dann nahm er ihn auf seine Arme und trug ihn zu seinem Reittier und nahm ihn mit bis zur Herberge. Da kümmerte er sich um ihn, pflegte und versorgte ihn, und als er am nächsten Morgen weiterziehen musste, gab er dem Wirt zwei Silberstücke und sagte ihm: Bitte, versorge du ihn jetzt, und wenn du dafür mehr Geld brauchst als dies, dann gebe ich es dir zurück, wenn ich wiederkomme. Was sagt ihr denn, so fragt Jesus, zu dieser Geschichte?" (aus: Baldermann 1991, 86 f.)

Von Baldermann erfahren wir, wie diese Erzählung im Unterricht mit der Absicht der wechselseitigen Erschließung aufgegriffen wurde (vgl. 87 ff.). In einem Unterrichtsgespräch, das durch die abschließende Frage der Erzählung eröffnet wird, hatten die Kinder Gelegenheit, sich zu der Geschichte zu äußern. Vertieft wurde das Gespräch durch ein einfaches szenisches Arrangement: Über den Papierkorb wurde eine Jacke gelegt, die den Überfallenen darstellte. Die Kinder wurden aufgefordert, daran vorbei zu gehen und das zu sagen, was sie dachten. Schließlich wurde nach den wichtigsten Sätzen gefragt, die in der Geschichte vorkamen, und diese an der Tafel festgehalten. In dem Zusammenhang kamen sie auf die dreimalige Wiederholung der Aussage:

- Als er ihn sah, ging er vorüber.

- Als er ihn sah, ging er vorüber.

- Als er ihn sah, da jammerte es ihn ...

Bewusst hat Baldermann bei seiner Erzählung die Frage „Wer ist der Nächste dem, der unter die Räuber gefallen war?" ausgeklammert. Dennoch nahmen die Kinder die Perspektive des Überfallenen ein. Sie hatten keine Probleme damit, seine Hoffnungen und Enttäuschungen zur Sprache zu bringen.

An diesem Beispiel kann deutlich werden, worauf es bei der wechselseitigen Erschließung der biblischen Botschaft und des Lebens der Kinder ankommt. Die Kinder erhalten anhand der Erzählung vielfältige Möglichkeiten, ihre eigenen Erfahrungen und Empfindungen in das Gehörte gleichsam einzutragen. Zugleich wird ihnen Gelegenheit gegeben, sich mit den unterschiedlichen Handlungsträgern zu identifizieren bzw. sich kritisch mit ihnen auseinander zu setzen.

Zu welchen Einsichten die Schülerinnen und Schüler bei der unterrichtlichen Behandlung dieser Geschichte gelangen können, lässt sich im Anschluss an Baldermann mit folgenden Worten zusammenfassen:

> „Sie hält uns einen Spiegel vor, in dem wir unsere Möglichkeiten versagender und sich bewährender Menschlichkeit erkennen und so bald nicht wieder vergessen werden. Zum Maßstab wird dabei am Ende unausweichlich die Sicht dessen, der unter die Räuber gefallen war. Die Geschichte erzählt von der Erfahrung erschreckender Ferne unter Menschen, die sich eigentlich nahe waren, und unerwarteter Nähe zu einem Fremden ... Sie ist so elementar erzählt, dass zum Verstehen im Grunde nichts weiter erforderlich ist als die Bereitschaft zur Identifikation mit den verschiedenen Rollen, die die Geschichte anbietet." (1991, 89)

Um die an dem obigen Beispiel demonstrierte wechselseitige Erschließung zu erreichen, sind jedoch bestimmte Voraussetzungen zu erfüllen, die mit der Form des Erzählens selbst zu tun haben. Dazu gehört vor allem, dass der Erzähler und die Erzählerin darüber Rechenschaft ablegen, warum sie es für notwendig erachten, bestimmte Geschichten zu erzählen (*Baldermann* 1991, 47). Die Begründung dafür ist jedoch von den Unterrichtenden nicht selbst zu formulieren und den Schülerinnen und Schülern mitzuteilen, sondern die Geschichte ist so zu erzählen, dass die Kinder eigenständig herausfinden können, warum die Geschichte für sie relevant ist. Dies wird dann der Fall sein, wenn sie das Gehörte als trostvoll, befreiend, beglückend, hoffnungsvoll, aber auch als ermahnend oder korrigierend für sich selbst entdecken.

Wenn biblische Erzählungen unter der Perspektive der wechselseitigen Erschließung im Unterricht behandelt werden, dann ist kaum zu befürchten, dass Kinder nicht in der Lage sein werden, darüber Auskunft zu geben, was bestimmte biblische Geschichten, die sie gehört haben, mit ihnen und mit ihrem Leben zu tun haben. Dies wird um so mehr der Fall sein, wenn zusammenfassend im Gespräch geklärt wird, worin die Bedeutung der erzählten Geschichte für das einzelne Kind liegen mag. Vielleicht wird dadurch erreicht, dass es auch später biblische Geschichten für sich als heilsgeschichtlich relevant ansieht.

Die drei oben dargestellten Perspektiven sind im Zusammenhang zu sehen. Denn es genügt nicht, etwa im Unterricht den Inhalt einer Erzählung nur zu sichern. Denn dadurch bliebe der theologische Gehalt einer Geschichte sowie deren Relevanz für das eigene Leben und den eigenen Glauben außer Acht. Es kommt vielmehr darauf an – wie die Ergebnisse unserer Untersuchung gezeigt haben, alle drei Perspektiven im Auge zu behalten und im Unterricht zu verfolgen. Variieren kann dabei die Reihenfolge. Es ist durchaus möglich, beispielsweise eine Geschichte zunächst unter dem Aspekt der wechselseitigen Erschließung zu behandeln, um dann mit Kindern deren theologischen Gehalt zu entdecken. Anschließen könnte sich dann die inhaltliche Sicherung der Geschichte. Dieses Vorgehen hätte sogar den Vorteil, dass in die Präsentationen der Kinder wichtige Gesichtspunkte einfließen könnten, die sie sich durch die vertiefende Beschäftigung mit dem Erzählstoff angeeignet haben.

Methodische Bausteine
zum Erzählen-Üben

An mehreren Stellen haben wir in unserer Studie darauf hinge-
wiesen, wie wichtig es ist, dass die Kinder bereits während der
Grundschulzeit dazu angehalten werden, biblische Geschichten
selbst nachzuerzählen. Zugleich ist in diesem Zusammenhang
deutlich geworden, dass einige Kinder über erstaunliche literarische Qualitäten verfügen. Dies gilt natürlich nicht für alle der von
uns Befragten. Daher erscheint es nötig, die Weitergabe biblischer
Geschichten konsequent einzuüben. Dazu können nicht zuletzt
auch die Erzählbeispiele dienen, die im Anhang unserer Studie
abgedruckt sind.

Wir haben jedoch auch gute Erfahrungen mit den im Folgenden bausteinhaft dargestellten Übungen gemacht:

♦ Nach der ausführlichen Behandlung der Josefsgeschichte erhalten die Schülerinnen und Schüler folgende „Nacherzählung".

Vor Christus gab es eine Familie. Der Vater hieß Jakob und sein liebster Sohn hieß Joseph. Und Joseph hatte noch elf andere Brüder. Alle seine Brüder waren neidisch auf ihn und wollten ihn weg haben. Eines Tages sagte Jakob zu seinen Söhnen: „Geht zum Brunnen und holt Wasser." Das taten sie. Und einer von Josephs Brüdern hatte eine Idee. Er sagte: „Warum schmeißen wir Joseph nicht einfach in den Brunnen?" Und auf drei schmissen sie Joseph in den Brunnen.

Dazu werden folgende Fragen gestellt:

• Wie wirkt der Text auf dich?

• Was hat der Erzähler dieses Textes vergessen?

• Was hat er anders erzählt als es in der Bibel steht?

• Worauf kommt es bei dieser Geschichte vor allem an?

• Wie könnte dies in die vorliegende Geschichte eingebaut werden?

• Was sollte der Hörer dieser Geschichte unbedingt erfahren bzw. wissen, wenn er die Geschichte gehört hat?

♦ Erzähle nun du die Geschichte.

♦ Nach der ausführlichen Behandlung der Emmaus-Geschichte erhalten die Schülerinnen und Schüler zwei Erzählversionen, die sie miteinander vergleichen:

Eines Tages wurde Jesus ans Kreuz geschlagen. Nachdem Jesus gestorben ist, sind schon fast drei Tage vorbei. Für Johannes und Petrus war die Welt nicht mehr schön. Sie entschlossen sich, nach Emmaus zu gehen, weil Jesus gestorben war. Sie mussten einen halben Tag nach Emmaus laufen. Auf dem Weg begegnete ihnen ein alter Mann. Er fragte: „Warum seid ihr so traurig?". Nachdem sie sich unterhalten hatten, sagten sie: „Möchtest du mit uns essen gehen?" „Ja", sagte der Mann. Und sie gingen essen. Der Mann bekam das Brot und teilte es in zwei Stücke. Und da wussten sie, es war Jesus.

Zwei Jünger liefen von Jerusalem nach Emmaus. Sie waren traurig, weil Jesus gekreuzigt wurde. Plötzlich kam ein Mann zu ihnen und fragte: „Warum seid ihr so traurig?" Sie sagten: „Weißt du nicht, was geschehen ist? Jesus, der Erlöser, ist gekreuzigt worden. Deswegen gehen wir jetzt fort." Sie kamen nach Emmaus. Es wurde langsam Nacht. Sie gehen in ein Wirtshaus, doch der Mann lief weiter. Die Jünger sagten zu dem Mann: „Bleib hier, sei unser Gast!" Also kam der Mann mit ihnen ins Wirtshaus. Als das Brot kam, nahm er das Brot und brach es. Da merkten die Jünger, dass es Jesus war, der ihnen erschienen ist. Voller Freude liefen sie wieder nach Jerusalem, um es den anderen zu erzählen.

♦ Die Schülerinnen und Schüler gehen folgenden Fragen nach:

• Worin unterscheiden sich die beiden Texte?

• Wovon berichtet der eine Text?

• Was verschweigt der andere Text?

• Welcher Text gefällt dir besser? Nenne Gründe dafür.

• Fehlt etwas Wichtiges bei beiden Texten?

• Was könnte ergänzt werden, damit der Hörer bzw. die Hörerin weiß, dass diese Geschichte etwas mit ihrem Leben zu tun hat?

♦ Nach der ausführlichen Behandlung der Engelverkündigung an Maria erhalten die Schülerinnen und Schüler den Anfang einer Nacherzählung:

Einmal, wo Maria zu Hause war, kam ein Engel und sagte: „Maria du bekommst ein Baby. Es wird ein Junge, und er wird ein König sein." Als Maria das hörte, war sie sprachlos. Und der Engel verschwand wieder. Als Joseph nach Hause kam von der Arbeit, sagte Maria zu ihm . . .

♦ Die Aufgabe lautet:

• Erzähle die angefangene Geschichte zu Ende.

• Achte darauf, dass alles, was dir wichtig vorkommt, in deiner Erzählung vorhanden ist.

♦ Dann bekommen die Schülerinnen und Schüler die Fortsetzung der angefangenen Nacherzählung zum Vergleich:

„Joseph wir bekommen einen Jungen, und er soll König sein." Joseph fragte: „Von wem weißt du denn das?" Ein wenig später bekam das der König mit, und er hatte Angst davor, dass er nicht mehr König ist.
Es kamen drei weise Könige. Es waren Sternseher. Sie sagten: „Es wird ein König geboren. Er wird Herr sein." König Herodes sagte: „Bringt alle Kinder um unter drei Jahren." Und sie brachten alle um. Er befahl den Wachen, sie sollten Maria und Joseph folgen. Die drei Könige sagten es Maria. Sie (Josef und Maria, Anm. d. Verf.) gingen nach Bethlehem und fragten, wo sie das Kind bekommen könne. Sie gingen in einen Stall und bekamen ihr Baby. Und jeder kam und gratulierte.

- Die Kinder erhalten mehrere Erzählbeispiele zum Vergleich und finden heraus, für wen sie in besonderer Weise geeignet erscheinen. Vorab wird es sinnvoll sein, mögliche Adressaten für die Geschichte an der Tafel zu sammeln. Im Anschluss daran erhalten die Schülerinnen und Schüler die Aufgabe, die behandelte biblische Geschichte für einen bestimmten Adressaten zu erzählen.

- Diese Aufgabe wird mit einer Reflexionsphase eingeleitet, die der Frage nachgeht, was für die kleine Schwester, den großen Bruder, die Mutter, den Vater, ein ausländisches Kind – an dieser Geschichte besonders wichtig ist und entsprechend in der Erzählung hervorgehoben werden sollte.

- Die Erzählungen könnten etwa folgendermaßen aussehen:

Es war einmal ein Sohn, der sagte zu seinem Vater: „Ich will meinen Teil des Erbes." „Gut", sagte der Vater, „hier ist das Geld." Der Junge packte sein Bündel und zog in die Stadt. Dort versoff er das ganze Geld. Er kam dann zu einem Bauern. Dort musste er die Schweine hüten. Er hatte nicht einmal etwas zu essen, darum aß er das von den Schweinen. Nach ein paar Tagen hatte sich der Sohn entschieden, wieder nach Hause zu gehen. Der Vater freute sich und feierte ein Fest. Nur der Bruder freute sich nicht.

Gott fand, dass die Menschen auf der Erde immer böser wurden. Nur einer nicht. Das war Noah. Gott wollte eine Flut über die ganze Erde bringen. Gott sprach zu Noah: „Baue eine Arche und nehme deine ganze Familie in die Arche. Nimm von jeder Tierart ein Männchen und ein Weibchen mit in die Arche." Die anderen Leute lachten, als Noah die Arche baute.

◆ Die Kinder sitzen im Stuhlkreis. Ein Schüler oder eine Schülerin erhält ein Wollknäuel und beginnt eine biblische Geschichte zu erzählen. Nach wenigen Sätzen bricht er bzw. sie die Geschichte ab und wirft den Wollknäuel einer Klassenkameradin oder einem Klassenkameraden zu, die nun die Aufgabe haben, mit der Erzählung fortzufahren. Dieses wiederholt sich, bis möglichst alle Kinder wenigstens einmal an der Reihe waren.

Und noch ein Praxis-Tipp: Diese Bausteine können mit großen Gewinn *fächerübergreifend* aufgegriffen werden. Besonders bietet sich hier die Zusammenarbeit mit dem Deutschunterricht an.

Zusammenfassung

Das Ziel dieser Studie bestand darin, Einblicke zu gewinnen, welche biblischen Geschichten Schüler*innen* der vierten Grundschulklasse bekannt sind, welche Motive sie besonders ansprechen, wo sie – wenn überhaupt noch – mit der biblischen Tradition in Berührung kommen, wie sie der Schrift gegenüber eingestellt sind etc.

Notwendig sind abgesicherte empirische Kenntnisse zu diesen Fragekomplexen sowohl aus einem theologischen Grund – die Bibel ist und bleibt die Grundlage und die norma normans von Theologie – als auch aus einem religionspädagogischen: Auch wenn bereits vor mehr als dreißig Jahren kritisch gefragt wurde, ob die Bibel im Mittelpunkt des Religionsunterrichts stehen solle (*Kaufmann* 1968), kommt dieses Fach, sofern es sein inhaltliches Proprium einlösen will, an der Bibel nicht vorbei. An wesentlichen Ergebnissen verdient festgehalten zu werden:

- Entgegen der pessimistischen Klage, heutigen Kindern sei die Bibel gänzlich „fremd" geworden (dazu *Frankemölle* 1994), listeten die Kinder im Durchschnitt spontan knapp fünf biblische Geschichten auf, deutlich häufiger solche aus dem Alten als aus dem Neuen Testament. Die mit Abstand am häufigsten genannten Geschichten sind die *Kindheitsgeschichte*, *Mose* und *Arche Noah*. Zumindest rudimentäre biblische Kenntnisse können den Kindern auch zu Beginn des dritten Jahrtausends attestiert werden, dies im Norden Deutschlands ebenso wie im Süden.

- Dafür spricht auch eine testmäßige Abfrage von Bibelkenntnissen; von insgesamt sechs möglichen Punkten wurde geringfügig mehr als die Hälfte erreicht.

- Vier von fünf Kindern nannten ausdrücklich eine biblische Lieblingsgeschichte, am häufigsten die von der *Arche Noah*, *Mose* oder die *Kindheitsgeschichte*. Mädchen wählten häufiger eine Lieblingsgeschichte mit einer weiblichen Protagonistin, Jungen häufiger eine mit einem Mann.

- Das Grundanliegen korrelativer Bibeldidaktik besteht darin, den „garstigen Graben" der Geschichte zu überbrücken und die Bibel als lebensrelevant zu vermitteln. Alle Religionslehrerinnen und Religionslehrer wissen, dass dies nicht immer gelingt; nur ein Drittel der Befragten ist überzeugt, die gewählte Lieblingsgeschichte der Bibel habe etwas mit ihrem Leben zu tun. Wenn ja, dann zumeist aus sachlichen Gründen, aufgrund gleicher oder ähnlicher Erfahrungen sowie der Identifikation mit dem Helden / der Heldin. Häufiger hingegen argumentierten die Kinder, ihre Lieblingsgeschichte habe mit ihrem Leben nichts zu tun, speziell aufgrund fehlender Erfahrungen, der zeitlichen und/oder geographischen Distanz, vereinzelt aber auch aufgrund fehlenden Glaubens.

- Dass biblische Geschichten vielen Kindern dennoch etwas bedeuten, zeigt sich in der zu zwei Dritteln gegebenen Bereitschaft, die Lieblingsgeschichte weiter zu erzählen, am häufigsten Personen des sozialen Bereichs, speziell der Familie.

- Dennoch ist es weniger die Familie als vielmehr die professionelle religiöse Erziehung, die heutigen Kindern biblische Geschichten vermittelt. Solche kennen die Befragten am häufigsten aus dem Religionsunterricht, weit seltener aus Kinderbibeln und dem Kindergottesdienst; erzählt werden sie primär von Religionslehrerinnen und Religionslehrern, Pfarrerinnen und Pfarrern, weit seltener von der Mutter und der Oma, und noch seltener von Vater und Opa, woran einmal mehr ersichtlich wird, dass die Glaubensweitergabe eine weibliche Domäne ist.

- Im Alltag der Kinder ist die Bibel kaum präsent; in der Kinderbibel lesen nur Vereinzelte regelmäßig, noch seltener werden Tonbandkassetten mit biblischen Geschichten eingelegt.

♦ Gleichwohl verfügen die meisten Kinder über ein „positives" Konzept der Bibel, die zwar für die meisten Befragten mit „alt" assoziiert, aber zugleich auch mit „gut", „wahr", „spannend", „für mich wichtig" und „von Gott". Die positive Beurteilung der Schrift hängt markant von der Erzählhäufigkeit biblischer Geschichten im Elternhaus ab; dieses vermag religiöse Einstellungen stärker zu beeinflussen als die professionellen religionspädagogischen Handlungsfelder.

♦ Religionslehrerinnen und Religionslehrer in den ersten Haupt-, Real- bzw. Gymnasialklassen können guten Mutes weitere biblische Geschichten erzählen und mit den SchülerInnen erarbeiten, wünschen sich diese doch zu zwei Dritteln, noch mehr biblische Geschichten kennen zu lernen, vor allem spannende.

♦ Entgegen der pessimistischen Klage von zusehends religionsloseren Kindern glauben diese mehrheitlich an Gott; Gebets- und Gottesdienstpraxis hingegen sind seltener. Die Wertschätzung der Bibel hängt mit dem subjektiven Glauben und der religiösen Praxis eng zusammen; letztere korreliert auch markant mit der Erzählhäufigkeit aus der Bibel im Elternhaus. Was diese bewirken kann, lässt sich in der Kirchengemeinde und im schulischen Religionsunterricht nur zum Teil kompensieren.

♦ Aus den empirischen Ergebnissen ergibt sich zunächst die Konsequenz, die bibeldidaktischen Bemühungen keineswegs zu verringern, weil sie doch nichts fruchten würden, die Bibel in der Sicht der Schüler und Schülerinnen nur langweilig und märchenhaft sei, sondern – im Gegenteil – sie zu intensivieren. Kinder hören gern biblische Geschichten, wenn diese spannend und wohl geformt erzählt und „mehrperspektivisch" erschlossen werden.

♦ Im Erzählen werden biblische Erfahrungen neu gegenwärtig. Es wäre wünschenswert, wenn auch die nächsten

Kindergenerationen die „Leidenschaft des Überlieferns als den Geist der biblischen Religion" neu erfahren (*Buber* [2]1952, 42). Sie sind für biblische Geschichten offen und bringen sie durch ihre Imaginationskräfte neu zum Leben.

Anhang

1. FRAGEBOGEN

Liebe Schülerin, lieber Schüler!
Zuerst möchten wir uns bei Euch vorstellen. Wir sind zwei Professoren von der Universität Leipzig und Universität Salzburg. Unsere Namen sind Helmut Hanisch und Anton Bucher. Wir bilden zukünftige Religionslehrerinnen und Religionslehrer aus. Vieles möchten wir gern genauer wissen, deshalb bitten wir Euch um Eure Mithilfe.

Ihr habt im Religionsunterricht, vielleicht auch in der Kinderkirche oder von Euren Eltern oder Großeltern, biblische Geschichten gehört. Wir möchten von Euch wissen, welche Geschichten Ihr kennt und wie sie Euch gefallen. Außerdem möchten wir gern persönlich von Euch einiges wissen. Dazu haben wir einen Fragebogen ausgearbeitet, den wir Euch bitten auszufüllen. Dafür gibt es keine Noten. Es ist keine Klassenarbeit. Ihr könnt ohne Aufregung in Ruhe alle Fragen lesen und beantworten. Auch Euren Namen braucht ihr nicht aufzuschreiben. Uns genügt es, wenn wir wissen, ob der Fragebogen von einem Jungen oder einem Mädchen ausgefüllt worden ist. Vielen Dank für Eure Mitarbeit. Und nun viel Spaß beim Ausfüllen!

Helmut Hanisch und Anton Bucher

1. In der Bibel stehen viele Geschichten. Einige davon kennst du
   sicher schon. Zähle bitte auf, welche Geschichten du kennst.

. . . .
. . . .
. . . .
. . . .
. . . .
. . . .
. . . .
. . . .
. . . .
. . . .
. . . .

2. Erzähle uns nun die Geschichte aus der Bibel, die dir *am besten*
   gefällt.

. . . .
. . . .
. . . .
. . . .
. . . .
. . . .
. . . .
. . . .
. . . .
. . . .
. . . .
. . . .
. . . .
. . . .

3. Kreuze bitte an, *woher* du die Geschichte kennst. Hier kannst du mehrere Kreuze machen.

aus dem Religionsunterricht	☐
aus dem Kindergottesdienst	☐
aus dem Kindergarten	☐
aus der Kinderbibel	☐

4. Kreuze bitte an, *wer* dir diese Geschichte erzählt hat. Hier kannst du mehrere Kreuze machen.

mein Vater	☐
meine Mutter	☐
meine Großmutter	☐
mein Großvater	☐
meine Religionslehrerin/mein Religionslehrer	☐
die Pfarrer/in/der Pfarrer	☐

5. Erzähle uns bitte, was du an dieser Geschichte besonders wichtig findest!

. . . .
. . . .
. . . .
. . . .
. . . .
. . . .
. . . .
. . . .
. . . .
. . . .
. . . .
. . . .
. . . .
. . . .

6. Schreibe bitte auf, ob diese Geschichte etwas *mit dir und deinem Leben* zu tun hat und *warum*.

Wenn ja: Die Geschichte hat etwas mit mir und meinem Leben zu tun, *weil* . . .

. . . .
. . . .
. . . .
. . . .
. . . .
. . . .
. . . .
. . . .

Wenn nein: Die Geschichte hat nichts mit meinem Leben zu tun, *weil* . . .

. . . .
. . . .
. . . .
. . . .
. . . .
. . . .
. . . .
. . . .

7. Schreibe bitte auf, wem du diese Geschichte gerne erzählen würdest.

. . . .
. . . .
. . . .
. . . .
. . . .
. . . .
. . . .
. . . .

8. Schreibe bitte auf, *warum* du diese Geschichte gern weitererzählen würdest.

———————

Ich würde diese Geschichte gern weitererzählen, *weil* ...

. . . .
. . . .
. . . .
. . . .
. . . .
. . . .

9. Im folgenden sollst du herausfinden, welche Sätze zu bestimmten biblischen Geschichten passen.

9.1 In der Bibel wird die Geschichte von der Arche Noah erzählt. Du findest im folgenden drei Sätze. Ein Satz ist richtig, kreuze ihn bitte an!

1. Geschichte	richtig
Und als die sieben Tage vergangen waren, kamen die Wasser der Sintflut auf die Erde.	☐
So zerstreute sie der Herr von dort in alle Länder, daß sie aufhören mußten.	☐
Und nun höre auf mich, mein Sohn: Mach dich auf und fliehe zu meinem Bruder Laban nach Haran.	☐

9.2 Von Josef und seinen Brüdern werden viele Geschichten erzählt. In einer Geschichte ist Josef im Gefängnis und deutet die Träume von zwei Mitgefangenen. Ein Satz ist richtig, kreuze ihn bitte an!

2. Geschichte	richtig
Da sprachen sie: Wir wollen das Mädchen rufen und fragen, was es dazu sagt. Sein Vater sprach zu ihm: Was ist das für ein Traum?	☐
Und es träumt ihnen beiden, dem Schänken und dem Bäcker des Königs von Ägypten.	☐
Und ihm träumte, und siehe, eine Leiter stand auf der Erde.	☐

9.3 Mose führte das Volk Israel aus Ägypten. In einer Geschichte offenbart sich Gott Mose in einem brennenden Dornbusch. Ein Satz ist richtig, kreuze ihn bitte an!

3. Geschichte	richtig
Du sollst keine anderen Götter haben neben mir.	☐
Da sprach Gott, der Herr, zum Weibe: Warum hast du das getan?	☐
Tritt nicht herzu, ziehe deine Schuhe von deinen Füßen. Denn der Ort, auf dem du stehst, ist heiliges Land.	☐

9.4 Von Jesus wird die Geschichte von der Sturmstillung erzählt. Ein Satz ist richtig, kreuze ihn bitte an!

4. Geschichte	richtig
Und Jesus kam an das andere Ufer in die Gegend der Gadarener.	☐
Und als sie das taten, fingen sie eine große Menge Fische, und ihre Netze begannen zu reißen.	☐
Ihr Kleingläubigen, warum seid ihr so furchtsam?	☐

9.5 Von Jesus werden Geschichten erzählt, in denen er Menschen heilt. Einmal heilte er einen Blinden. Ein Satz ist richtig, kreuze ihn bitte an!

5. Geschichte	richtig
Und Jesus ging fort mit seinen Jüngern in die Dörfer bei Caesarea Philippi.	☐
Und er nahm ihn von dem Volk besonders und legte ihm die Finger in die Ohren und berührte ihn mit dem Speichel seiner Zunge.	☐
Viele bedrohten ihn, er solle stillschweigen. Aber er schrie noch viel mehr.	☐

9.6 Jesus hat selbst viele Geschichten erzählt. In einer Geschichte erzählt er von einem Vater und seinen beiden Söhnen. Ein Satz ist richtig. Kreuze ihn bitte an!

6. Geschichte	richtig
Gib mir, Vater, das Teil meiner Güter, das mir gehört.	☐
Vater, vergib ihnen, denn sie wissen nicht, was sie tun.	☐
Vater, meinen Geist lege ich in deine Hände!	☐

* * * *

Bei den folgenden Fragen brauchst du nicht mehr so viel nachzudenken. *Kreuze bitte immer an, was für dich richtig ist.*

	jeden Tag	einmal pro Woche	einmal im Monat	selten	nie
10. Mein Vater oder meine Mutter erzählen mir biblische Geschichten	☐	☐	☐	☐	☐
11. Früher haben mir mein Vater oder meine Mutter biblische Geschichten erzählt	☐	☐	☐	☐	☐
12. Meine Großmutter oder mein Großvater erzählen mir biblische Geschichten	☐	☐	☐	☐	☐
13. Früher haben mir meine Großmutter oder mein Großvater biblische Geschichten erzählt	☐	☐	☐	☐	☐
14. Hast du eine Kinderbibel? Kreuze bitte an, was stimmt.	Ja ☐			nein ☐	
15. Wenn ja: Ich lese in meiner Kinderbibel	☐	☐	☐	☐	☐

	jeden Tag	einmal pro Woche	einmal im Monat	selten	nie
16. Besitzt du Kassetten mit biblischen Geschichten? Kreuze bitte an, was stimmt.				Ja ☐	nein ☐
17. Wenn ja: Ich höre diese Kassetten	☐	☐	☐	☐	☐
18. Wie oft war das früher? *Wie oft* hast du dir diese Kassetten früher angehört?	☐	☐	☐	☐	☐

Nun möchten wir noch etwas über dich und deinen Glauben erfahren. *Kreuze bitte wieder die für dich richtigen Antworten an.*

19. Ich glaube an Gott	sehr fest ☐	fest ☐	nicht so fest ☐	überhaupt nicht ☐
20. Ich bete	jeden Tag ☐	mehrmals pro Woche ☐	selten ☐	überhaupt nicht ☐
21. Ich gehe in den Kindergottesdienst	jeden Sonntag ☐	einmal im Monat ☐	selten ☐	nie ☐

22. Ich würde gern noch mehr biblische Geschichten hören:
Ja ☐ Nein ☐

23. Wenn du *keine* biblischen Geschichten mehr hören möchtest, dann schreibe bitte auf, *warum* du keine mehr hören willst.

. . . .
. . . .
. . . .
. . . .
. . . .
. . . .

24. Wenn du mehr biblische Geschichten hören möchtest, dann schreibe bitte auf, *wie* die Geschichten sein sollten.

. . . .
. . . .
. . . .
. . . .
. . . .
. . . .
. . . .
. . . .
. . . .
. . . .
. . . .

25. Jetzt bist du fast fertig. Wir möchten gern von dir wissen, was du von der Bibel hältst. Dazu musst du entweder auf der linken oder rechten Seite auf den folgenden Zeilen ein Kreuz machen.

Dazu ein Beispiel: Ein Kind liegt in seinem Bettchen und schläft. Es ist

leise	☐	☐	laut

Wie siehst du die Bibel? (Pro Zeile bitte nur eine Ankreuzung.)

26. modern	☐	☐	alt
27. von Gott	☐	☐	von den Menschen
28. für mich wichtig	☐	☐	für mich unwichtig
29. langweilig	☐	☐	spannend
30. wahr	☐	☐	erfunden
31. böse	☐	☐	gut

Zum Schluss ein paar Angaben zu deiner Person:

32. Ich bin . . . . Jahre alt.

33. Ich bin ein Junge ☐ ein Mädchen ☐

34. Mein Vater hat folgenden Beruf:

35. Meine Mutter hat folgenden Beruf:

36. Hier kannst du noch etwas aufschreiben, was du uns sonst noch sagen möchtest.

. . . .
. . . .
. . . .
. . . .
. . . .
. . . .
. . . .
. . . .

Vielen Dank für Deine wichtige Mitarbeit!

2. Die Lieblingsgeschichten (Beispiele)

1. Mose

Moose

Es war in Aypten, das Volk der Isreailiten lebte in Gefangenschaft.
Eines Tages gebor eine Frau einen Jungen. Sie wusste das er getötet
wurde, deshalb legte sie ihn in einen Korb und ließ ihn den Fluss
hinunter treiben. Am selben nachmittag noch kam das kleine an
des Königshaus vorbei. Seine Tochter nahm den kleinen freudig
auf. Als er nun schon um die dreißig war ging er einmal spazieren.
Er ging hinter einen Felsen und sah etwas ungeheuerliches. „Ein
brennder Dornbusch!" Der sagte zu ihm: „Geh, und rette mein
folg!" Mose tat was man ihm befohlen hatte. Er versuchte die Isrea-
liten zu befreien. Es half nichts. Nicht einer kam frei. Dann aber
kamen Plagen, nach der siebten Plage ließ der König das Volk frei.
Mose führte sie dann wieder in ihr Land.

Mose Auszug aus Agypten

Mose führte das Volk aus Agybten. Der Pharao wollte sein Verspre-
chen nicht halten, dass er den Hebräern gegeben hatte. Er fuhr mit
Streitwagen nach. Am roten Meer erreichte er sie. Gott sprach zu
Mose: „streck deinen Stab über das Meer." Da teilte es der Wind in
zwei Hälften. Sie gingen durch das Meer hindurch.
Der Pharao folgte ihnen. Gott bremste die Räder der Ägypter, und
so kamen sie nur langsam voran. Als sie gerade in der Mitte des
Meeres waren schloss es sich und alle Ägypter ertranken.

2. Noah

Auf der Erde wurden die Menschen immer schlechter und Gott gefiel es nicht mehr er hatte sich die Menschen anders vorgestellt.
Aber es gab noch eine gute Familie: Nha, seine Frau und die Kinder.
Gott sagte zu Noha: „Baue dir eine große Arche, auf die du deine
Familie und von jeder Tierart zwei, ein Männchen und ein Weibchen
passen. Denn ich werde eine große Sinnflut schicken." Noha tat was
er sagte. Als die Arche fertig war begann es zu regnen. Von allen

Tieren kamen zwei auf die Arche. Gerade noch rechtzeitig, denn es gab eine riesen überschwemmung.

Es regnete 40 Tage und Nächte lang, dann hörte es wieder auf. Noha schickte eine Taube, wenn sie mit einem grünen Zweigchen zurück, beim zweiten Mal brachte sie eins. Das Wasser sank und die Sonne kam heraus. Es gab einen wunderschönen Regenbogen, ein Zeichen von Gott das es vorbei war.

Einmal hörte Noah den Auftrag Gottes: „Baue ein Schiff es soll so und soviel m hoch, lang und breit sein. Denn es wird bald sehr viel regnen und alles wird überschwemmt sein. Die Menschen sind böße du aber nicht. Nehme von allen tieren ein Pärchen mit und deine Familie." Noah tat wie Gott es gesagt hatte. Die anderen Menschen lachten als Noah von Gottes Worten erzählte. Aber Noah arbeitete an der Arche weiter. Die Menschen lachten in aus. Da plötzlich kam die Flut. Noah sagte: „Nein!" Sie segelten lange Noah ließ eine Taube losfliegen um zu schauen wo Festland war. Nach dem 3. Versuch kam sie nicht mehr zurück. Also fand Noah Festland. Und er lebte weiter.

3. David und Goliath

Dafit war ein Schäfer und seine Bruder waren im Grik er kamte nicht in den Grik zihen weil er so schwach . . .
Eines Tages solt er . . . zu seinen Bruder Bringen und er ging zu den Soldaten er fragte nach seinen Brudern und nicht wahren in Grik er ging zu ihm und sagte wer ist das
das ist Goliatt und er ist sooo stag das ihn nimand besigen kann er sagte das er gegen ihn kampfen will Er holte seine Steinschleuder und ein par Steine
goliat sah schrecklich aus und er hate ein Risiges Schwchwert und eines Sper aus Eisein . . . Buslem aus Pander und einen Helm aus Banze
Dann stellt er socj Golia gemüben und er zilte auf seine Nase und er Schus und er fiel leit um und er schlug ihn den Kopf ab.

David und Goliard
Eines Tages hörten David und das Ganze Volk ein lautes stampfen und schreien, und die Erde zitterte. Da erschien ein Riese mit seinem

Volk er hieß Goliard er schrie: „Holt einen von eurem Volk zu mir, und dann kämpfen wir, wenn ich gewinne müsst ihr meine Diener sein, wenn ihr gewinnd sind wir eure. Ich komme Morgen wieder, überlegt es euch, ihr habt nicht viel Zeit." Dann ging der Riese mit seinem Volk und kam alle Tage wieder. Doch das ganze Volk wo David auch dabei war fand niemand, an einem Tag kam David zu dem Volk und wollte wissen was los war. Da erzählten sie ihm die ganze Geschichte. David wollte es wage gegen den Riesen zu kämpfen. Da kam der Riese wieder David ging zu ihm und schmiss einfach einen Stein Goliard ins Gesicht, David gewann . . .

4. Schöpfung

Adam und Eva sind im Paradies entstanden und sie fühlten sich wohl. Jesus sprach zu ihnen: Esst nicht von dem 1. Baum. Von den anderen dürft ihr essen. Als eines Tages Eva an diesem Baum vorbei kam sprach eine Schlange zu ihr sie sollte von diesem Baum essen. und sie würde das Wahre sehen. Adam und Eva aßen von ihm und merkten das sie nackt waren. Als Gott sah das sie sich schämten sprach er Ihr habt meinen Befehl nicht gefolgt dafür werdet ihr bü-ßen, und er ließ die Frau Wehen bei der Geburt haben. und der Mann sollte arbeiten. Und er ließ das Paradies verschwinden.

Adam und Eva
Als Gott die Welt erschaffen hatte erschuf er schon zwei Menschen. Sie lebten im Paradies. Es gab viele Bäume mit Früchten. Aber bei einem Baum mit einer besonderen Frucht hatte Gott ihnen verboten diese Frucht zu essen. Als eva mal zu dem Baum hin ging wo die besondere Frucht war sah sie eine Schlange. Die Schlange sagte: „Is die Frucht sie schmeckt gut." Aber Eva dachte immer an Gott. Doch dann nahm sie die Frucht und aß sie. In diesem Moment sprach Gott: „Du hast sie doch gegessen, ich verbanne dich aus dem Pa-radies." Sie musten beide aus dem Paradies. Und das Tor schloß sich hinter ihnen.

Addam und EVA
Es war an einem Nachmittag. Addam und Eva hatten nichts zum anziehen eswar sehr dunkel. Nach ein parr Tagen wollte Gott das es heller wurde dann wurde es auch heller. Addam und Eva hatte dann

ı Tüte gefunden sie nahmen es und ziehten es an dan sagte Gott zu ihnen isst das nicht wom diesem gelbem Baum aber sie taten es als Gott sah das der halbe Baum leer war sagte er: „wer war den das", Addam sagte „Eva wars" Eva sagte „Addam wars" Gott sagte „Ihr hab nicht gemacht was ich gesagt habe, werschiendet hir sofort, ich will euch nie wieder sehen" Addam und Eva waren für immer weg.

5. Geburtsgeschichte

Jesus Geburt
Maria und Josen wünschten sich schon lang ein Kind. Eines Tages kam der Engel Gabriel zu Maria und Josef und sagte: „Maria du wirst dein so sehr gewünschtes Kind bekommen!"
Sie wanderten von Stadt zu Stadt aber kein Gasthof wollte sie aufnehmen. Sie wanderten nach Bethlehem bis sie zu einem Stall kamen dain waren Ochs und Esel und Maria bekam ihr Kind zur Welt. Der stern von Bethlehem führte die drei heiligen Könige zu Maria und Josef. Die Könige hießen Kasper, Baltasar und Melscher.
Der erste König schenkte Jesus golt und reichtum der zweite schenkte Weirauch und der drite König schenkte ihm Mörre u. so w.

Maria märkte das sie schwanger ist. Sie waren in Nazaret. Josef machte Maria eine Stütze. Da kam ein kleiner Junge daher, mit einem Esel. Josef fragte: „Können wir fieleich den Esel haben, meine Frau ist schwanger, wir müssen nach Betlehem." Der Junge sagte: „Okay." „Danke" sagte Josef. Es sas Maria auf den Esel, und Josef führte ihn nach Behlehem. Sie kamen an und suchten sich einen Unterschlupf. Sie fanden einen Stall und Maria bekam ihr Kind, es soll Jesus heißen.

6. Passion und Auferstehung

Das letzte Abendmahl
Jesus nahm das Brot, brach es und Reichte es seinen Jünger: „Nehmet und esset davon das ist mein Fleisch und Blut das für euch hingegeben. Tut dies zu meinem Gedächtnis." So nahm er auch den Kelch mit Wein reichte ihn seinen Jünger und sprach: „Nehmet und

trinket das ist mein Blut das für euch hingegeben. Tut dies zu meinem Gedächtnis," Dann asen sie und tranken. Dann kamen 4 Soldaten mit Judas. Jesus wurde von den Soldaten festgenomen. Judas küsste seinen Herr ans Ohr. Dann wurde Jesus abgeführt . . .

Die Auferstehung
Eines Tages kam eine Frau zu Jesus Grab um ihn zu salben. Doch sie erschrak sehr, denn der Stein vor dem Grab war weg. Und wo Jesus gelegen war, war er jetzt nicht mehr. Plötzlich wurde es sehr hell, und es erschien ein Bote Gottes (ein Engel), und er sagte zu der Frau: „fürchte dich nicht! Jesus ist Auferstanden."
Die Frau erzählte es im Dorf allen! Jesus ist auferstanden. Das hörten dan schließlich auch die Jünger. Nur einer wollte es nicht glauben! Da erschien Jesus den Jüngern, und der Jünger, der es nicht geglaubt hatte sollte seine Hand in Jesus Wunde legen. Da hat er es geglaubt.

7. Worte und Taten Jesu

Der barmherzige Vater
Der jüngere Sohn vom Vater macht sich mit seinem Teil vom Erbe davon. Er verschleudert das Geld. Als eine große Hungersnot Er geht zu einem Bauer und muss dort hart arbeiten. Als er nach Hause kommt wartet sein Vater auf ihn und sagt: „Du warst tot und bist wieder auferstanden." Da beklagt sich der ältere Sohn: „Mir hast du nicht einmal eine Ziege geschenkt wenn ich mit Freunden gegessen habe und für ihn lässt du ein Mastkalb schlachten!" Da antwortete der Vater: „Du warst ja auch nicht verschwunden."

Der verlorene Sohn
Ein Vater hatte zwei Söhne. Der jüngere wohlte sein Erbe und in die Welt hinaus zihen. Der Vater fragte: „Willst du nicht noch warten bis du damit umgehen kanst?" Der Sohn antwortete: „Nein!" Also gab der Vater dem Sohn was er verlangte. Der Sohn zog hinaus und verschleuderte sein Geld bis er keines mehr hate. Den letzten Groschen verdinte er durch Schweine hüten. In dieser Not sprach er zu sich: „Ich kehre um." Und als er zurückkahm rannte der Vater ihm entgegen und lies ein Freudenfest veranstalten. Der älter Sohn aber

ärgerte sich, da sagte der Vater: „Er war verloren und ich hab in wieder gefunden. Er war tot und ist wieder zurückgeckert."

Der reiche Fischfang

Die Jünger waren in ihren Booten rausgefahren um zu Angeln. Jesus stand am Ufer und schaute zu, wie sie Angelten. Petrus sah Jesus und hatte so ein komisches gefül im Bauch. Petrus sprang ins Wasser und schwam zu Jesus. Jesus fragte Petrus: „Darf ich mal mit rausfahren wen ihr Angelt?" „Das bringt ja doch nichts, wir fangen ja doch nichts, aber wir können ja noch mal rausfahren.", sagte Petrus. Als sie wieder drausen waren warfen sie die Netze aus. Als sie die Netze wieder reinhollten waren die Netze randvoll mit Fischen.

Bei dem Reichen Fischfang

Die Fischer hatten die ganze Nacht die Netze im Wasser und am Morgen holten sie die Netze heraus aber sie hatten Nichts, kein einzigen Fisch da stand Jesus am Wasser und sagte: „werft die Netze nochmal aus." Und sie warfen die Netze nochmal aus und holten sie wieder herein und das Netz war randvoll mit Fischen. Aber Petrus erkannte Jesus und Hupfte Gleich ins Wasser und schwam zu Jesus. Und er sagte: „Danke Jesus jetzt haben wir fur einen Monat essen."

3. ZITIERTE LITERATUR

Adam, G. (1993): Erzählen. In: G. Adam & R. Lachmann (Hg.): Methodisches Kompendium für den Religionsunterricht, Göttingen, 137–162.

Adam, G. & Lachmann, R. (1993) (Hg.): Methodisches Kompendium für den Religionsunterricht, Göttingen.

Aebli, H. (^{3}1987): Grundlagen des Lehrens. Eine allgemeine Didaktik auf psychologischer Grundlage, Stuttgart.

Alves, C. (1968): Religion and the Secondary School, London.

Arnold, U. & Hanisch, H. & Orth, G. (1977): Was Kinder glauben. 24 Gespräche über Gott und die Welt, Stuttgart.

Arzt, S. (1999): Frauenwiderstand macht Mädchen Mut. Die geschlechtsspezifische Rezeption einer biblischen Erzählung, Innsbruck.

Augustinus, A. (1985): De catechizandis rudibus. Vom ersten katechetischen Unterricht, München.

Baldermann, I. (1991): Gottes Reich – Hoffnung für Kinder. Entdeckungen mit Kindern in den Evangelien, Neukirchen-Vluyn.

Baldermann, I. (^{3}1993): Wer hört mein Weinen? Kinder entdecken sich selbst in Psalmen, Neukirchen-Vluyn.

Baudler, G. (1986): Kindern heute Gott erschließen. Theorie und Praxis einer Evangelisation durch Erzählen, Paderborn.

Bee-Schroedter, H. (1998): Neutestamentliche Wundergeschichten im Spiegel vergangener und gegenwärtiger Rezeptionen, Stuttgart.

Berg, H.K. (1989): Die Bibel – ein wichtiges Buch für Schüler? Ergebnisse einer Umfrage. In: ru 19, 93–96.

Berg, H.K. (1993): Grundriss der Bibeldidaktik. Konzepte – Modelle – Methoden, München / Stuttgart.

Bröking-Bortfeldt, M. (1984): Schüler und Bibel. Eine empirische Untersuchung religiöser Orientierungen. Die Bedeutung der Bibel für 13- bis 16-jährige Schüler, Aachen.

Buber, M. (^{2}1952): Moses, Heidelberg.

Bucher, A. (1990): Gleichnisse verstehen lernen. Strukturgenetische Untersuchungen zur Rezeption synoptischer Parabeln, Fribourg.

Bucher, A. (1996): Bedingt kirchlich – massiv sinkend. Alterstrend in der Einstellung zu Religion und Christentum bei 2700 österreichischen SchülerInnen. In: F. Oser & K.H. Reich (Hg.): Eingebettet ins Menschsein: Beispiel Religion. Aktuelle psychologische Studien zur Entwicklung, Lengerich, 147–172.

Bucher, A. (1999): Verstehen postmoderne Kinder die Bibel anders? In: G. Lämmermann u. a. (Hg.): Bibeldidaktik in der Postmoderne, Stuttgart, 135–147.

Bucher, A. (2000 a): Religionsunterricht zwischen Lernfach und Lebens-hilfe. Eine empirische Untersuchung zum katholischen Religionsun-terricht in der Bundesrepublik Deutschland, Stuttgart.

Bucher, A. (2000 b) „Das Bild gefällt mir: Da ist ein Hund drauf." Die Entwicklung und Veränderung von Bildwahrnehmung und Bildprä-ferenz in Kindheit und Jugend. In: D. Fischer & A. Schöll (Hg.): Reli-giöse Vorstellungen bilden, Münster, 207–231.

Bucher, A. (2001): Was Kinder glücklich macht. Historische, psychologi-sche und empirische Annäherungen an Kindheitsglück, Weinheim / München.

Büttner, G. & Rupp, H. (1998): ». . . ein Passfoto der Geschichte irgend-wie«. Wie Kinder unterschiedliche Jesus-Bilder bewerten. In: ru 28, 104–108.

Buggle, F. (1992): Denn sie wissen nicht, was sie glauben. Oder warum man redlicherweise nicht mehr Christ sein kann, Reinbek.

Daiber, K.F. (1995): Religion unter den Bedingungen der Moderne. Die Situation in der Bundesrepublik Deutschland, Marburg.

Day, D. & May, Ph. (1991): Teenage Beliefs, Oxford.

de Vries, A. (1962): Die Kinderbibel, Konstanz.

Dehn, G. (1933): Proletarische Jugend. Lebensgestaltung und Gedanken-welt der großstädtischen Proletarierjugend, Berlin.

Die große Kinderbibel (1976), Gießen (amerik. Orig.: The Encyclopedia of Bible Stories, Text by Jenny Robertson. Illustrations by Gordon King, London).

Dubach, A. & Campiche, R. (1992): Jede/r ein Sonderfall? Religion in der Schweiz, Zürich.

Engelbrecht, A. (1997): Können Blumen glücklich sein? Einführung in das Philosophieren mit Kindern, Heinsberg.

Englert, R. & Güth, R. (1999): „Kinder zum Nachdenken bringen". Eine empirische Untersuchung zu Situation und Profil katholischen Reli-gionsunterrichts an Grundschulen, Stuttgart.

Fölling, A. (2001): Veränderte Kindheit – revisited. Konzepte und Ergeb-nisse sozialwissenschaftlicher Kindheitsforschung der vergangenen 20 Jahre. In: Jahrbuch Grundschule III, hg. vom Arbeitskreis Grund-schule e. V., 10–51.

Fowler, J.W. (1991): Stufen des Glaubens. Die Psychologie der mensch-lichen Entwicklung und die Suche nach Sinn, Gütersloh.

Frankemölle, H. (1994) (Hg.): Die Bibel. Das bekannte Buch – das frem-de Buch, Paderborn.

Freese, H. – L. (⁴1992): Kinder sind Philosophen, Weinheim/Berlin.

Fuchs-Heinritz, W. (2000): Religion. In: Deutsche Shell (Hg.): Jugend 2000, Band 1, Opladen, 157–180.

Fuhs, B. (1996): Das außerschulische Kinderleben in Ost- und Westdeutschland. Vom kindlichen Spielen zur jugendlichen Freizeitgestaltung. In: P. Büchner u. a. (Hg.): Vom Teddybär zum ersten Kuss, Opladen, 129–158.

Gardner, H. et al. (1978): The Development of Figurative Language. In: K.E. Nelson (Hg.): Children's Language, Volume 1, New York, 1–38.

Glock, Ch. Y. & Stark, R. (Hg.): Religion and Society in Tension, New York/Chicago.

Goldman, R. (1964): Religious Thinking from Childhood to Adolescence, London.

Greer, (1972): The Child's Understanding of Creation. In: Educational Review 24, 99–110.

Grom, B. (2000): Religionspädagogische Psychologie des Kleinkind-, Schul- und Jugendalters. 5. vollst. überarb. A., Düsseldorf.

Haag, H. & Elliger, K. (1986): „Stört nicht die Liebe" Die Diskriminierung der Sexualität – ein Verrat an der Bibel, Olten.

Haas, D. & Bätz, K. (1984): Ratgeber Religionsunterricht. Hilfen zum Aufbau und zur Durchführung, Lahr u. a.

Hanisch, H. (1996): Die zeichnerische Entwicklung des Gottesbildes bei Kindern und Jugendlichen. Eine empirische Vergleichsuntersuchung mit religiös und nicht-religiös Erzogenen im Alter von 7–16 Jahren, Stuttgart/Leipzig.

Hanisch, H. & Reiher, D. & Schliephake-Hovda, J. & Victor, H. (2001): Wir gehören zusammen 4. Evangelische Religion, Berlin/Leipzig, 64 – 68

Hanisch, H. (2001): Kinder als Philosophen und Theologen, in: Glauben und Lernen. Zeitschrift für theologische Urteilsbildung, 16/1, 4–16

Heiler, F. (1920): Das Gebet. Eine religionsgeschichtliche und religionspsychologische Untersuchung, München.

Hoge, D. & Petrillo, G. (1978): Development of Religious Thinking in Adolescence: A Test of Goldman's Theory. In: Journal of Scientific Study of Religion 17, 139–154.

Hoppe-Graff, S. (1984): Verstehen als kognitiver Prozess. Psychologische Ansätze und Beiträge zum Textverstehen. In: Zeitschrift für Literaturwissenschaft und Linguistik 55, 10–37.

Huber, S. (1996): Dimensionen der Religiosität. Skalen, Messmodelle und Ergebnisse einer empirisch orientierten Religionspsychologie, Bern.

Hull, J. M. (1997): Wie Kinder über Gott reden! Ein Ratgeber für Eltern und Erzieher, Gütersloh.

Hyde, K.E. (1990): Religion in Childhood and Adolescence. A Comprehensive Review of the Research, Birmingham/Al.

Jeremias, J. (1980): Die Gleichnisse Jesu, Gütersloh.

Kaufmann, H.B. (1968): Muss die Bibel im Mittelpunkt des Religionsunterrichts stehen? In: G. Otto & H. Stock (Hg.): Schule und Kirche vor den Aufgaben der Erziehung, Hamburg, 79 ff.

Klafki, W. (1963): Studien zur Bildungstheorie und Didaktik, Weinheim u. a.

Klafki, W. (1980): Zur Unterrichtsplanung im Sinne konstruktiv-kritischer Didaktik. In: B. Adl-Amini & R. Künzli (Hg.): Didaktische Modelle und Unterrichtsplanung, München, 11–48.

Klafki, W. (^{3}1993): Neue Studien zur Bildungstheorie und Didaktik. Zeitgemäße Allgemeinbildung und kritisch-konstruktive Didaktik, Weinheim/Basel.

Kurz, H. (^{3}1992): Methoden des Religionsunterrichts. Arbeitsformen und Beispiele, München.

Langer, W. (1987) (Hg.): Bibelarbeit, München.

Laubi, W. (1988): Geschichten zur Bibel. Jesus von Nazareth, Teil 1. Ein Erzählbuch, Lahr/Düsseldorf.

Lipman, B.M. & Sharp, A.M. (1978): Growing up with Children, Philadelphia.

Lobsien, M. (1903): Kinderideale. Einige experimentelle Betrachtungen. In: Zeitschrift für Pädagogische Psychologie, Pathologie und Hygiene 5, 323–344.

Martens, E. & Schreier, H. (1994): Philosophieren mit Schulkindern. Philosophie und Ethik in der Grundschule und Sekundarstufe I, Heinsberg.

Matthews, G. B. (1990): Denkprobleme – Philosophische Ideen jüngerer Kinder, Berlin.

Mette, N. (1994): Kinder und Gleichnisse. In: H. Frankenmölle (Hg.): Die Bibel. Das bekannte Buch – das fremde Buch, Paderborn 185–200.

Neidhart, W. & Eggenberger, H. (1975): Erzählbuch zur Bibel 1. Theologie und Beispiele., Lahr u. a.

Neidhart, W.(1989): Erzählbuch zur Bibel. Geschichten und Texte für unsere Zeit weiter-erzählt, Lahr u. a.

Peatling, J.H. (1974): Cognitive Development in Pupils in Grades Four through Twelve: The Incidence of Concrete and Abstract Religious Thinking. In: Character Potential 7, 52–61.

Piaget, J. (1983): Sprechen und Denken des Kindes, Frankfurt/M.

Piaget, J. (^{10}2000): Psychologie der Intelligenz, Stuttgart.

Religionsbuch (o. J.): Religionsbuch für Schule und Familie, Einsiedeln.

Sanders, W. & Wegenast, K. (1983) (Hg.): Erzählen für Kinder – Erzählen von Gott, Stuttgart.

Schmid, H. (1998): Grundschulumfrage der Diözesen Bayerns im Fach katholische Religionslehre. In: RU-aktuell 1/98, 5–37.

Schweitzer, F. u. a. (1995): Religionsunterricht und Entwicklungspsychologie. Elementarisierung in der Praxis, Gütersloh.

Schweitzer, F. (1993): Religiöse Entwicklung und Sozialisation von Mädchen und Frauen. In: Der Evangelische Erzieher 45, 411–421.

Slee, N. (1988): Kognitiv-strukturelle Untersuchungen zum religiösen Denken. Überblick und Diskussion unter besonderer Berücksichtigung der Forschung im Anschluss an Goldman in Großbritannien. In: K. E. Nipkow u. a. (Hg.): Glaubensentwicklung und Erziehung, Gütersloh, 124–143.

Stachel, G. (1992): Erzähl mir aus der Bibel. Mose – Elija – Jesus, Mainz.

Stachel, G. (1994): Kinder aus der Bibel erzählen. Geschichten von Abraham, Isaak, Jakob, Josef, der Schöpfung und der Sintflut, Mainz.

Stein, A. (1994): Vermittlung religiöser Inhalte und religiös begründete Ängste. Eine empirische Untersuchung im Bereich katholischer religiöser Erziehung, Essen.

Stein, N. & Glenn, C. (1979): An Analysis of Story Comprehension in Elementary School Children. In: R.O. Freedle (Ed.): New Directions in Discourse Processing, Norwood, 53–120.

Steinwede, D. (1974): Werkstatt Erzählen, Münster.

Steinwede, D. ([9]1981): Zu erzählen deine Herrlichkeit. Biblische Geschichten für Schule, Haus und Kindergottesdienst, Göttingen/München.

Tamminen, K. (1993): Religiöse Entwicklung in Kindheit und Jugend, Frankfurt/M.

Tschirch, R. (1995): Bibel für Kinder. Die Kinderbibel in Kirche, Gemeinde, Schule und Familie, Stuttgart.

Urbach, G. ([2]1982) (Hg.): Biblische Geschichten Kindern erzählen, Gütersloh.

Van Bunnen, C. (1964): Le buisson ardent. Ses implications symboliques chez des enfants de 5 à 12 ans. Lumen Vitae 19, 341–354.

Vester, F. (1975): Denken, Lernen, Vergessen. Was geht in unserem Kopf vor, wie lernt das Gehirn, und wann lässt es uns im Stich?, Stuttgart.

Voß, Th. (1926): Die Entwicklung der religiösen Vorstellungen. In: Archiv für die Gesamte Psychologie 57, 1–86.

Weigl, F. (1914): Kind und Glaube, Paderborn.

Weinrich, H. (1973): Narrative Theologie. In: Concilium 9, 329–333.

Eine empirische Christologie

Die religionspädagogische und theologische Literatur der letzten Jahrzehnte ist bestimmt von Diskussionen um den „historischen Jesus". Diese Untersuchungen theologischer Vorstellungen von Kindern und Jugendlichen erhellen, dass die Konzepte von „Jesus Christus" bei Religionspädagogen, Lehrplan- und Schulbuchmachern offensichtlich anderen Mustern folgen als bei Kindern und Jugendlichen.

Das Buch enthält *empirische Studien* zur Christologie von Vorschulkindern, Schülern der Sekundarstufen I und II und der Berufsschule. Sie zeigen ein breites Spektrum von Antworten, lassen aber auch gewisse Entwicklungslinien erkennen. In ihrem einleitenden Beitrag vermitteln die Herausgeber einen Überblick über die Diskussion und geben Hinweise für religionspädagogische Konsequenzen.

Gerhard Büttner /
Jörg Thierfelder (Hg.)

Trug Jesus Sandalen?

Kinder und Jugendliche sehen Jesus Christus

Mit Beiträgen von Judith Brunner, Gerhard Büttner, Heide Liebold, Robert Schuster, Jörg Thierfelder, Tobias Ziegler.

2001. 185 Seiten mit 13 Abbildungen und 4 Figuren, kartoniert
ISBN 3-525-61392-X

Vandenhoeck
& Ruprecht

Für den Religionsunterricht in der Grundschule

Elisabeth Buck
Bewegter Religionsunterricht
Theoretische Grundlagen und 45 kreative Unterrichtsentwürfe für die Grundschule

Mit einem Vorwort von Rainer Lachmann. 3., durchgesehene Auflage 2001. 160 Seiten mit zahlr. Abb., DIN A4, kart.
ISBN 3-525-61107-2

Elisabeth Buck
Kommt und spielt 1
Bewegter Religionsunterricht im 1. und 2. Schuljahr

2., durchgesehene Auflage 2001. 136 Seiten mit zahlr. Zeichnungen, DIN A4, kart. ISBN 3-525-61388-1

Elisabeth Buck
Kommt und spielt 2
Bewegter Religionsunterricht im 3. und 4. Schuljahr

2001. 184 Seiten mit 147 Zeichnungen, DIN A4, kart.
ISBN 3-525-61389-X

Elisabeth Buck
Bewegter Religionsunterricht Lieder. Musik-CD
29 Songs aus den Bänden „Bewegter Religionsunterricht" und „Kommt und spielt, Band 1 und Band 2". Musik-CD mit Textheft. 2001. ISBN 3-525-61201-X

Michael Wermke (Hg.)
Aus gutem Grund: Religionsunterricht
2002. 215 Seiten mit 15 Abbildungen, kartoniert
ISBN 3-525-61404-7

Dass der Religionsunterricht einen unverzichtbaren Beitrag zur Erfüllung des schulischen Bildungsauftrags zu leisten hat, dass er den Heranwachsenden „was bringt", muss gegenüber Eltern, Behörden und der Öffentlichkeit immer wieder neu vertreten werden. Am besten gelingt die Argumentation, wenn man hineinschaut in die Praxis des modernen Religionsunterrichts, wenn man seine Inhalte und sein Selbstverständnis auf die Probe stellt.

Dazu lädt der Band ein: Mit Erfahrungsberichten aus den „Werkstätten" des Religionsunterrichts, aus Schulen, Ausbildungsstätten und Schulbehörden.

V&R
Vandenhoeck & Ruprecht